Retour du Brésil

Impressions d'un juriste anthropologue français

« Portes océanes »
Collection dirigée par Frédéric Angleviel,
Professeur des universités en histoire
et Paul Magulue Fizin, docteur en histoire

Cette collection est dédiée en premier lieu à une meilleure connaissance de l'Océanie et des espaces insulaires à partir de l'édition cohérente des articles épars de chercheurs reconnus ou de la mise en perspective d'une thématique à travers les contributions les plus notables. La collection « Portes océanes » a donc pour objectif de créer des ponts entre les différents acteurs de la recherche et de mettre à la disposition de tous des bouquets d'articles et de
contributions, publications éparses méconnues et souvent épuisées. En effet, la recherche disposant désormais de très nombreuses possibilités d'édition, on constate souvent une fragmentation et une dissémination de la connaissance. Ces rééditions en cohérence se veulent donc un outil au service des sciences humaines et sociales appliquées aux milieux insulaires et plus particulièrement à ceux de l'aire Pacifique.

En second lieu, la collection « Portes océanes » a pour ambition de permettre la diffusion auprès du public francophone des principaux résultats de la recherche internationale, grâce à une politique concertée et progressive de traduction. Tout naturellement, elle permettra aussi la publication de colloques ou de séminaires sans s'interdire la publication d'ouvrages mettant à la disposition du public les derniers travaux universitaires ou des recherches originales portant sur les milieux insulaires, les outre-mers francophones et la région Pacifique.

Norbert ROULAND

Ancien Membre de l'Institut Universitaire de France,
Professeur émérite d'Aix-Marseille Université

Retour du Brésil

Impressions d'un juriste anthropologue français

L'Harmattan

Illustration de couverture : *en arrière-plan,* « Le Ciel des Caetes », tableau du peintre brésilien contemporain Pedro Cabral.

Le propriétaire du tableau et de la photo est George Sarmento, Professeur à la Faculté de droit de l'Université de Maceio, Brésil, que nous remercions.

5-7, rue de l'École-Polytechnique, 75005 Paris
http://www.editions-harmattan.fr
ISBN : 978-2-343-15068-0
EAN : 9782343150680

On voyage pour changer non de lieu, mais d'idées

Hyppolite Taine

Si vous pensez que l'aventure est dangereuse,
je vous propose d'essayer la routine : elle est mortelle

Paulo Coelho

SOMMAIRE

INTRODUCTION
ÉTONNEMENTS

Certains étonnements sont ceux du voyageur, *a priori* banaux. D'autres supposés plus scientifiques sont ceux du juriste.

A. Les étonnements du voyageur

Einstein nous a appris que l'espace et le temps sont liés. Pour un Européen, ceux-ci prennent au Brésil des dimensions inaccoutumées. En 2016, l'arrivée d'un Français dans ce pays ne ressemble pas à celle de Lévi-Strauss, il y a plus de quatre-vingts ans. L'avion abolit les distances, mais ne laisse pas au voyageur le temps de se déprendre des habitudes de son pays d'origine. Les mails, laconiques et utilitaires, ont remplacé journaux de voyage et discussions avec les compagnons de traversée. Le vol de la France jusqu'au Brésil nécessite une quinzaine d'heures, ce à quoi on s'attend. Mais les vols internes, qui comportent plusieurs milliers de kilomètres, opèrent un changement d'échelle par rapport à l'Europe. Une impression ressentie dans d'autres pays comme la Chine, le Canada, l'Inde ou la Russie, le plus grand pays du monde, où je me rends souvent, puisque mon épouse en est originaire.

Ensuite, le temps quotidien. Les projets se succèdent, s'annulent, et ne se remplacent pas toujours. Quant aux horaires, même académiques, ils ont un caractère plus indicatif que prescriptif. Déconcertant pour un esprit cartésien. Les guides de voyage à l'intention des Brésiliens signalent qu'en Europe et dans le monde anglophone, l'exactitude est requise et qu'au Japon on arrive toujours avant l'heure. Les Brésiliens paraissent en avance sur la France dans la manipulation des i-phones dans la vie quotidienne, qui prend l'allure d'un trouble obsessionnel, voire compulsif. En facilitant les relations longues distance, Internet éloigne physiquement ceux qui sont présents dans un même espace et les déconnecte de l'instant. Mais le temps se ralentit dans les embouteillages, une seconde nature des Brésiliens. À Sao Paulo, qui s'étend sur 127 kilomètres d'est en ouest, il est normal d'être quatre ou cinq heures chaque jour en voiture.

Heureusement, les i-phones permettent de passer le temps. Une prise dans les voitures les maintient sous tension.

Le différentiel dans la valeur attribuée au temps est également perceptible dans les préférences des classes aisées en matière d'habitat. L'ancien, aussi bien immobilier que mobilier, n'est pas prisé. Les appartements de la bourgeoisie sont vastes, fonctionnels, souvent décorés de façon abstraite et assez froide. Pas de meubles ni de tableaux anciens ; des appareils de climatisation et de télévision multiples et apparents. Il est également usuel d'avoir plusieurs domestiques, en général illettrés, avec lesquels on constate une certaine absence de formalisme. Parallèlement, on note que la musique classique n'est guère appréciée, même s'il existe dans certaines universités que j'ai visitées (Belo Horizonte, Joao Pessoa) des groupes de recherches sur les arts et le droit. On appelle la musique classique *musica erudita* : tout un non-programme. À la vérité, en France, celle-ci n'intéresse qu'un public âgé.

À Sao Paulo, le directeur de l'Alliance française m'invite à un concert donné par une violoncelliste française d'origine russe, membre des *Arts Florissants* de Wilhelm Christie, que j'ai bien connu. Elle joue certains de mes morceaux préférés : des *Suites pour violoncelle* de Bach. C'est le soir du 31 août 2016. La France vient de me mettre à la retraite à cette date précise, me privant de cours et de directions de thèses. Je conserve le programme et le ticket d'entrée.

Le prestige social ne passe donc pas en général par l'ancien et le temps ne s'écoule pas de la même manière au Brésil que dans d'autres pays.

Autre constat surprenant : le zonage des villes. Les quartiers miséreux des *favelas* sont à l'immédiate proximité des quartiers aisés, dans lesquels les villas sont enfermées dans de hautes grilles, parfois surmontées de barbelés. À l'entrée des immeubles bourgeois, un portier contrôle toujours l'identité des arrivants. Ces immeubles ne se situent pas dans le centre-ville, plus populaire. Les riches se regroupent aussi dans des condominiums en banlieue qui ont un peu l'allure de camps retranchés, comme les lotissements des riches vieillards aux États-Unis. Aux feux de signalisation, des adolescents à la peau sombre exécutent des jongleries dans l'espoir de quelques *reals*[1]. Cette stratégie obsidionale des riches se constate dans beaucoup de parties du monde. Comme l'a établi une récente enquête comparative menée dans de grandes métropoles (Sao Paulo, Paris et Dehli). Les riches peuvent admettre d'avoir à payer pour les pauvres, mais ils ne veulent pas les côtoyer ni les apercevoir[2].

À Sao Paulo, dans les quartiers aisés, les colonnes de béton des hauts immeubles naissent dans des écrins de verdure. Les habitants de ces quartiers d'Hygienopolis, Morumbi, Alphaville et des Jardins appartiennent aux dix pour cent des Brésiliens les plus riches. Gabriela, 67 ans, secrétaire bilingue à la retraite, mariée à un ancien colonel et chef d'entreprise s'exprime ainsi :

« *J'ai été élevée dans les principes très basiques de morale : 'ne volez pas', etc. On a tout cela ici dans le quartier. On n'aura pas beaucoup de débauche, rien de tout cela, parce que, justement, la manière dont j'ai été élevée, c'est aussi la manière dont les amis de mes enfants l'ont été. Et ça reste la même aujourd'hui encore. Ce sont les mêmes principes moraux.* »[3]

Carla, 51 ans, avocate, mariée à un ingénieur, exprime la crainte des habitants de son quartier envers les migrants, y compris les migrants intérieurs en provenance des États les plus pauvres du Brésil :

« *Ce qui est en train de se passer, c'est que nous sommes de plus en plus pris en otage par ces gens qui n'ont pas le minimum de quoique ce soit : rien en terme de culture, d'éducation...* [...] *ils pensent qu'ils peuvent me côtoyer, mais je dois tolérer leur manque d'éducation, saleté... Cela ne va pas.* [...] *C'est pareil partout dans le monde : à Paris, les Parisiens diraient la même chose, non* ? »[4]

---

[1] Un *réal* vaut approximativement un tiers d'euro. Un plat dans une pizzeria vaut 35 *réals*.

[2] Cf. Serge Paugam, Bruno Cousin-Camilla et Giorgetti-Jules Naudet, Ce *que les riches pensent des pauvres*, Paris, Le Seuil, 2017.

[3] *Cité* par Serge Paugam et *alii*, *ibid.*, p. 82.

[4] *Ibid.*, p. 85.

La comparaison avec les Parisiens n'est pas fortuite. Il y a en effet parmi les favorisés des attitudes qui peuvent différer vis-à-vis de la ségrégation sociale. On remarque qu'Hygienopolis dont les habitants appartiennent aux professions intellectuelles et culturelles présente plusieurs similarités avec le cinquième arrondissement de Paris[5]. Tout en appartenant à des catégories favorisées, les habitants de ce quartier habituent leurs enfants à fréquenter les espaces et transports publics de la ville et ne fréquentent pas les ménages ayant des comportements trop ostentatoires par rapport à l'usage de l'argent.

Mais pas d'espaces verts dans le *patchwork* pointilliste des *favelas*, où, malgré mes demandes, je n'aurais pas réussi à me faire accompagner. Je n'ai pu effleurer que leurs lisières, en voiture. Les voitures des riches sont parfois blindées. La circulation dans les villes est souvent perturbée par les manifestations : en août 2016, le Brésil est agité par la procédure de destitution de Dilma Roussef (soutenue par les milieux universitaires), opérée avec un souci respectueux des formes, qui étonne un ethnologue brésilien rencontré à l'Université de Sao Paulo : d'après lui, les juristes croient à l'efficacité symbolique des formes, peut-être plus qu'au fond du débat. Il est vrai que le Brésil est sans doute un des États les plus judiciarisés du monde. L'État de Sao Paulo compte 400 000 avocats pour une population totale de 44 millions d'habitants : près d'un avocat pour cent personnes…

Les premières impressions sont donc superficielles, mais pas nécessairement inexactes, même si ce sont surtout des interrogations.

Tout d'abord, les Brésiliens parlent haut et fort, notamment dans les lieux publics comme les restaurants (même de luxe) ou les cafés. Est-ce un trait culturel, une expression de ce qu'on suppose être l'exubérance latino-américaine ou la langue portugaise qui est plus accentuée que le français ? Ou encore souci du paraître, si fort dans cette société méditerranéenne transportée outre-Atlantique ?

---

[5] *Ibid.*, p. 103.

J'assiste à une messe du soir dans la cathédrale de Maceio. Le volume sonore des chants et de l'orgue électronique est celui d'une boîte de nuit.

Ensuite, l'utilisation du toucher, qui pour un Européen relève de l'intimité : dans les contacts de la vie quotidienne, les façons de se dire bonjour et au revoir, les contacts corporels sont plus rapides et plus fréquents. Sur les campus les professeurs font la bise à leurs étudiantes en les enlaçant. Surtout quand elles sont jolies. On me recommande de faire de même en oubliant le formalisme français. Les enseignants invitent leurs étudiants et étudiantes à leurs anniversaires… Quand j'ai créé en 2002 mon Master de droit des activités artistiques, j'organisais des pique-niques avec mes étudiants dans le parc à la française du Pavillon de Lanfan, un bâtiment du XVIIIe siècle, alors propriété de l'Université. Je les emmenais en voyage à Prague et Barcelone : nous visitions des musées et allions entendre des opéras de Mozart. Mes collègues aixois accueillaient ces initiatives avec réprobation ou une sympathie étonnée. L'un deux me dit « *Tu fais comme si tu étais un prof américain dans un campus* ». À la fin de l'année universitaire, mes étudiants organisèrent un concert à la Faculté de droit d'Aix et me remirent un petit livre d'or avec leurs remerciements. Nous buvions un pot sur le Cours Mirabeau : il était deux heures du matin et nous n'arrivions plus à nous quitter. Un des plus beaux souvenirs de ma vie. Ce sont souvent les commencements qui sont les plus beaux.

Les différences d'âge importantes dans un couple (vingt ou même trente ans) sont courantes dans toutes les classes de la société, au contraire de la France, où elles sont suspectes (l'homme âgé est un pervers sexuel, la jeune femme au mieux vénale). Revers de la médaille : la femme de quarante ans que les accidents de la vie laissent seule aura beaucoup de mal à retrouver un partenaire sérieux. Dans la recherche d'une femme jeune, le souci du paraître intervient-il aussi ?

Toujours à l'inverse de la France, il est possible de dire à une femme qu'elle est belle, sans être soupçonné de machisme ou pire encore. Même dans les élites, les femmes montrent souvent une affection teintée de respect à leur mari ou compagnon. Compare qui pourra ou voudra.

À Belo Horizonte, ma traductrice, une Française de la trentaine, jolie et militante dans une ONG, me dit gentiment alors que je m'effaçai pour la laisser passer : « *Vous savez que ce genre de geste peut être interprété comme un signe de machisme* ». Réfléchissons un instant.

Certaines auteures féministes comme Eva Illouz s'en prennent en effet à la galanterie : « *Être galant, c'est être conscient de sa supériorité tout en l'euphémisant, en faisant des gestes de déférence et de protection, qui n'ont de valeur érotique que parce qu'ils présupposent cette supériorité* »[6]. La galanterie serait ainsi un des effets de la détention inégalitaire, parce que régulée principalement par les hommes, de ce que l'auteure nomme le capital sexuel. Ceux-ci en fixent les critères, par exemple la jeunesse (une jeune femme de 23 ans est considérée comme trop vieille par l'industrie du mannequinat), la minceur et la blondeur. À ce jeu, certaines femmes sont gagnantes : les actrices et mannequins, les présentatrices de télévision, les attachées de presse, les hôtesses de l'air correspondant à ces standards. L'auteure minimise même l'égalité salariale et l'accès des femmes au plaisir sexuel, qui n'entameraient que peu la domination structurelle des hommes. On peut discuter sur la signification exacte de la galanterie[7] et des sentiments qu'elle peut provoquer chez les femmes qui ne sont pas forcément négatifs, sans que pour autant celles-ci soient aliénées.

Au Brésil, on pressent en arrière-plan la violence possible, cependant contenue par l'*habitus* : il y a des pauvres et des riches parce que c'est la vie.

L'Église est très présente, des prêtres habitent dans les *favelas*. Il s'agit donc d'une Église très souvent proche des pauvres : on se souvient que c'est en Amérique du Sud qu'est née la théologie de

---

[6] Cité par Marie Lemonnier, « Nous sommes en train de quitter l'Ancien Régime sexuel », *L'Observateur*, n° 27 87, 5 avril 2018, p. 71-75.

[7] *Le Dictionnaire des synonymes Robert*, dans son édition de 1983, donne parmi des synonymes de galant les termes de *courtois* et de *prévenant*, ce qui n'est pas exactement du registre de la domination.

la libération, condamnée par Jean-Paul II, comme l'avaient été auparavant les prêtres ouvriers en France. Quand on entre dans une église les jours de semaine, on peut souvent assister à des messes avec un public non négligeable, dont la plupart des membres communie (le prêtre dépose l'hostie dans la bouche des fidèles, comme on faisait autrefois en France) : simple rituel ou foi authentique ? En tout cas, l'Église catholique est de plus en plus concurrencée par les mouvements évangélistes, qui jouent sur une approche plus sensible de la religion.

Paradoxe, cette Église proche des pauvres est aussi une Église assez souvent conservatrice sur le plan politique, peu favorable aux traitements préférentiels des minorités ethniques, sans parler de son opposition à l'avortement, toujours prohibé au Brésil, à quelques exceptions près. Ce qui n'empêche pas un grand nombre d'avortements clandestins.

La violence est souvent une violence domestique, dont les premières victimes sont les femmes (en France, une femme meurt tous les trois jours de violences conjugales ; au Brésil, ce pourcentage se compte par heures). Comme me l'ont dit certaines de mes collègues, les femmes intériorisent souvent les contraintes du machisme : la domination de la femme par l'homme est « naturelle ». Ces croyances sont évidemment inversement proportionnelles au degré d'élévation sociale. Dans les élites, et chez les étudiantes, les femmes sont souvent féministes et ont des comportements indépendants par rapport aux hommes : les unions sont volatiles. On me dit qu'à Sao Paulo, la mode commence à venir des fêtes de divorce, comme aux États-Unis.

Je suis reçu chez un grand propriétaire foncier de la région de Maceio. La partie centrale des bâtiments de l'exploitation date du XIXe siècle. La grande maison des esclaves est située seulement à quinze mètres de la maison des maîtres. Évidemment pour des impératifs de surveillance. Mais une telle contiguïté déconcerte : comment était-elle vécue au XIXe siècle ? À l'intérieur, des vastes pièces, sommairement meublées, avec beaucoup de mobilier non déballé. Les propriétaires habitent en ville. Les Brésiliens aisés ne semblent pas aimer la vie à la campagne.

Passons maintenant aux étonnements du juriste.

B. Les étonnements du juriste

C'est la plus radicale manière d'anéantir toute argumentation que de séparer chaque chose de toutes les autres, car la raison nous vient de la liaison mutuelle entre les choses.

Platon, *Le Sophiste*, 259 e

Le sage connaît directement la production interdépendante et ne prend plus appui sur une aucune vue extrême. Il sait que les choses ont des causes, dépendent de circonstances, et que rien n'existe sans causes ni circonstances.

Le Bouddha, *Soutra requis par Sagara*[8]

Les droits français et brésilien sont de la même famille romano-civiliste : ils s'inspirent du Code Napoléon, du *Bürgerliches Gesetzbuch* et du Code civil portugais. Le juriste français est néanmoins frappé par certaines différences.

Certains de ses étonnements concernent des points relativement de détails. Par exemple, un juriste professeur d'université peut aussi être un juge ou un procureur, ce qui augmente de beaucoup son salaire. La profession de notaire est également organisée de façon différente : les notaires sont des fonctionnaires, dont certains plus particulièrement attachés au fonctionnement des tribunaux. Comme en Allemagne et dans beaucoup d'autres pays, le droit pénal n'appartient pas au droit privé, mais est une branche du droit public.

Viennent ensuite des différences plus importantes par rapport à notre sujet.

Tout d'abord, les discussions et les colloques sur le genre sont ici usuelles et ne relèvent pas du tabou ou d'une ignorance crasse comme en France.

---

[8] Soutra requis par Sagara (*Saganagaraja-paripriccha Sara*), catalogue Tohoku, t. 152.

La conception française de la laïcité, qui en fin de compte protège les religions, est souvent mal perçue au Brésil : sans être justifiés, les attentats contre *Charlie-Hebdo* ont été l'objet d'appréciations diverses.

J'apprends aussi que contrairement à la France où la population carcérale féminine ne représente que 4 % des détenus, femmes et hommes se partagent à peu près à parts égales les prisons brésiliennes surpeuplées. Les femmes sont impliquées dans le trafic de drogue, les homicides et les blessures incluant l'emploi de la force physique (armes blanches, revolver).

Quant au statut de l'anthropologie juridique, on constate comme dans d'autres pays ce qui semble bien être un des universaux du juriste : les anthropologues du droit sont souvent considérés par leurs collègues juristes comme des gens peu sérieux. Au-delà des traditions nationales, sans doute faut-il voir dans cette spécificité du droit sur laquelle je reviendrai, la marque d'une proximité avec le pouvoir que revendiquent plus ou moins clairement les juristes ou dont ils se sentent imbus : le juriste est celui qui fait la loi et organise la société, avec le concours de la force publique. La mise en question du droit qu'opère l'anthropologie juridique ne peut donc qu'éveiller des soupçons. En revanche, par rapport à la France, le tableau change dans la mesure où les anthropologues du droit sont bien reçus par leurs collègues anthropologues des Facultés des Lettres.

Dans plusieurs universités, mais spécialement à Sao Paulo, on me dit que mes ouvrages, dont certains sont traduits en portugais, sont lus par des centaines d'étudiants et que je suis bien connu au Brésil. Je l'ignorais et en suis touché. On me demande dans chacune de mes conférences de parler de l'anthropologie juridique en France. Je sais que je vais décevoir, mais je suis obligé de dire la vérité : la discipline est sous-développée en France ; il n'existe à Aix-en-Provence aucun centre d'anthropologie juridique. Il serait suicidaire pour un étudiant voulant entrer dans la carrière universitaire de faire une thèse d'anthropologie juridique. La mort dans l'âme, j'ai dû en dissuader plusieurs. Plus profondément, l'idéologie républicaine est hostile à la reconnaissance de ce qui fait une bonne partie des terrains de l'anthropologie juridique : les peuples autochtones et les minorités. Quant aux études sur le genre, elles sont mal vues en France, surtout chez les juristes, qui souvent les critiquent sans les connaître.

Les anthropologues du droit brésiliens s'intéressent évidemment de manière traditionnelle au sort des Indiens, leurs peuples autochtones. Les étudiants brésiliens sont très surpris quand on leur dit que la France ne reconnaît pas sur son sol l'existence de minorités et de peuples autochtones.

Leurs enquêtes portent très souvent sur les milieux juridiques, comme les notaires, en privilégiant le thème de l'accès à la justice. Au-delà des normes, ils entendent dire comment elles fonctionnent concrètement et sont partisans de l'école américaine du réalisme juridique. Une attitude pas si fréquente en France, où, par exemple, la science administrative est une discipline déclinante et où la sociologie du droit est une portion congrue des enseignements... quand elle existe.

À l'intérieur des Facultés de droit, les étudiants, avec le tutorat de leurs professeurs, sont organisés en groupes de recherche qui se fixent collégialement des objectifs, procèdent à leurs enquêtes sur le terrain dont les résultats peuvent parfois conduire à des modifications législatives. À Belo Horizonte existe ainsi une clinique des droits humains, dont les travaux portent sur la pornographie infantile ou l'état-civil des personnes transgenres. À Maceio, on étudie les violences conjugales.

Revenons maintenant au thème de la spécificité du droit. En France, cet argument, notamment soutenu par un constitutionnaliste aixois maintenant disparu, a toujours été avancé pour maintenir une séparation entre le droit et les sciences sociales. Or c'est celui du corporatisme et non pas d'une approche scientifique. On ne voit pas pourquoi le droit serait plus spécifique que les mathématiques ou la musicologie. Rappelons que la plupart des juristes français sont des positivistes adeptes de la vision du droit de Kelsen, qui prônait – c'est le titre de l'un de ses ouvrages – une théorie *pure* du droit. Sans parler de l'anthropologie juridique, la sociologie juridique, même brillamment illustrée par Jean Carbonnier (qu'eût-on dit de lui s'il n'avait pas été par ailleurs un civiliste incontestable ?), ne s'est jamais développée. Et l'interdisciplinarité n'est bien souvent qu'un slogan : comme le dit lui-même Yvon Berland, Président de l'Université d'Aix-Marseille, qui englobe le droit, les lettres, les sciences et la médecine, celle-ci donne l'impression d'un grand orgue dont on n'arrive pas à faire jouer les tuyaux ensemble. Cette méga-université existe bien sur le plan administratif, mais ce n'est pas une maison commune.

Ce refus de la complexité a des causes plus profondes que le corporatisme. Ce cloisonnement des disciplines repose sur une certaine conception de la réalité du monde. Il est incontestablement efficace jusqu'à un certain point : c'est en divisant qu'on spécialise et qu'on devient donc performant dans la maîtrise de ce qui nous environne. La pensée mythique, qui explique à la fois le choix préférentiel des conjoints et la distance de la Terre à la Lune, n'est pas ce que nous appelons la pensée scientifique. Et la chirurgie est souvent beaucoup plus efficace que le shamanisme.

Mais cette efficacité a un prix : la perte de la cohérence globale.

L'interdépendance est notamment à la base du structuralisme, qui considère davantage les relations entre les termes que les termes eux-mêmes.

Mais on la retrouve aussi dans les sciences de ce que nous appelons la nature. Les expériences de laboratoire ont toujours validé les théories de la physique quantique : deux particules sont unies instantanément au-delà des distances qui les séparent, seraient-elles situées aux extrémités de l'univers connu.

Un demi-siècle avant l'élaboration de la physique quantique par l'École de Copenhague, en France, l'expérience de Léon Foucault avait déjà révélé cette interdépendance. En 1851, il attache un pendule à la voûte du Panthéon, à Paris. Après son lancement, le plan d'oscillation du pendule pivote au fil des heures. L'explication première du phénomène est assez facile : cette variation du plan d'oscillation n'est qu'apparente et due à la rotation de la Terre. Mais si l'on oriente ce plan vers des objets de plus en plus éloignés, il varie aussi. Si on l'oriente vers le

Soleil, ce dernier sort du plan d'oscillation après quelques semaines. Les étoiles les plus proches, situées à quelques années-lumière, font de même après quelques années. La galaxie Andromède, située à deux millions d'années-lumière, dérive moins, mais finit par sortir du plan. Seuls des amas de galaxies les plus lointaines, situées à des milliards d'années-lumière, aux confins de l'univers connu, ne dérivent pas par rapport au plan d'oscillation initial du pendule. Autrement dit, le pendule ajuste son comportement en fonction des galaxies les plus éloignées. Même si elle n'a pas reçu d'explications à l'heure actuelle, cette interdépendance est certaine[9].

Autre référence possible, le bouddhisme. Les philosophies et les religions se situent en-dehors du champ de la science. De façon ironique, des physiciens soviétiques ont dit que les religions étaient le moyen de tout expliquer sans rien comprendre. Bien des explications de cette sorte ont en effet été démenties par l'observation scientifique : des centaines de millions d'êtres humains ont cru que la terre était plate, ce qu'affirment plusieurs versets du Coran. Et l'on peut toujours penser que par l'effet du seul hasard, une explication philosophique ou religieuse peut plus ou moins correspondre à l'observation prouvée de la réalité. Il reste que le bouddhisme présente des particularités qui méritent d'être signalées par rapport à notre objet.

Pour un bouddhiste, l'objet en soi n'existe pas. Il est vacuité, non pas le néant, sans quoi nous ne le percevrions pas, mais ce par quoi ses diverses apparences se manifestent. Un verre d'eau sera considéré par la majorité des observateurs comme une boisson rafraîchissante ; par un physicien comme un ensemble de molécules, et par un poisson comme un habitat[10]. Ce que nous appelons la réalité est donc plurielle et relative. Les objets n'existent que dans les relations qu'ils entretiennent entre eux et dans la relation qui les unit à l'observateur.

Cette interdépendance me paraît correspondre à la méthode et à la nature de l'anthropologie. Lorsqu'il effectue un terrain,

---

[9] Cf. Mathieu Riccard et Trinh Xuan Thuan, *L'infini dans la paume de la main*, Paris, Fayard, 2000, p. 94-97.
[10] *Ibid.*, p. 165.

l'anthropologue, quoi qu'il fasse, modifie la société observée et son point de vue n'est que le sien propre, nourri par ceux de ses informateurs. Plus encore, l'anthropologue va beaucoup plus avant que le juriste dans la connaissance de l'objet observé, dans la mesure où en ce qui concerne le droit, il ne se satisfera jamais du seul énoncé des normes, mais aussi, et plus encore, des pratiques et des représentations.

C'est dans cet esprit qu'ont été rédigés les chapitres qui suivent où l'on trouvera des références à certains auteurs brésiliens et aux manières communes qu'ont juristes brésiliens et français d'envisager certains problèmes.

Dans un premier chapitre, je donnerai des aperçus sur l'anthropologie française, en relation avec le Brésil, en évoquant notamment Claude Lévi-Strauss et Roger Bastide.

Un second chapitre traitera des droits de l'homme, un objet incertain au sens bouddhiste du terme, qui pour le moment, existe surtout dans la pluralité des apparences et les liens que des juristes français et brésiliens essaient de nouer en préconisant la constitution d'un interdit commun.

Un troisième chapitre sera consacré aux problèmes du genre, très discutés au Brésil dans les milieux académiques, à la différence de la France.

Enfin, un quatrième chapitre s'attachera à établir des relations entre deux objets apparemment très éloignés, mais qui intéressent certains juristes français et brésiliens : le droit et la musique.

Chapitre I

Le Brésil et la France : des liens trop méconnus

Les Français ignorent en général l'importance que la culture française tient aujourd'hui encore au Brésil. Toutes les élites intellectuelles parlent français, même si l'usage de notre langue n'est pas aussi répandu qu'à l'époque de Claude Lévi-Strauss. Ce dernier est encore connu au Brésil, de même que Roger Bastide. Jean Malaurie est allé quelquefois au Brésil, à la recherche d'auteurs pour sa collection *Terre Humaine*. Ce dernier a effectué beaucoup d'enquêtes sur le terrain, à la différence de Claude Lévi-Strauss.

Dans une première section, je donnerai donc quelques précisions sur l'anthropologie française au Brésil ; dans une deuxième, je comparerai les carrières de Claude Lévi-Strauss et de Jean Malaurie ; dans une troisième, je parlerai de l'enquête sur le terrain, qui est la spécificité de l'anthropologie au sein des différentes sciences sociales.

Section 1
L'anthropologie française au Brésil

Claude Lévi-Strauss est sans doute l'anthropologue français le plus connu. Son séjour au Brésil a été une importante étape dans sa carrière. Roger Bastide a aussi beaucoup compté au Brésil.

A. Claude Lévi-Strauss au Brésil[11]

Claude Lévi-Strauss aimait la musique classique. Il a sans doute écouté les compositeurs brésiliens et aussi la musique populaire dans les quartiers de Sao Paulo.

Il entretenait des rapports particuliers avec la musique. Il appartenait à une famille d'artistes. Son père était un peintre portraitiste, qui a eu un certain succès lors de l'Exposition coloniale de 1931. Son arrière-grand-père, Isaac Strauss, était un

[11] Cf. Emmanuelle Loyer, *Lévi-Strauss*, Paris, Flammarion, 2015, 910 p.

compositeur assez connu sous le second Empire et a collaboré avec Offenbach. Claude Lévi-Strauss écoutait *France Musique* en continu pendant qu'il composait ses *Mythologiques*. En 1993, il écrivit un ouvrage d'esthétique, *Regarder, Écouter, Lire*[12]. Les subdivisions internes de plusieurs de ses ouvrages ont des noms de formes musicales. Mais il ne s'intéresse pas à l'ethnomusicologie : il préfère dégager des analogies entre la musique et les mythes. Le chef d'orchestre face à sa partition doit lire simultanément et verticalement un certain nombre de portées correspondant à des pupitres d'instruments. Son travail serait incohérent s'il lisait chaque portée de gauche à droite, les unes après les autres. De même, les mythes doivent se lire de manière verticale, en coordination les uns avec les autres. À l'intérieur d'un même récit mythique, il faut superposer les différents personnages pour comprendre les différents niveaux de réalité que le récit conjoint. Et de même, pour comparer les mythes entre eux, il faut les superposer.

Il tente par ailleurs de dégager des analogies entre l'histoire de la musique et les fonctions du mythe. Ce dernier, comme l'opéra, repose sur un essai de reconstitution totale du monde. On se souvient des théories de Wagner sur l'opéra comme œuvre d'art totale. Ce n'est pas par hasard qu'il était un des compositeurs préférés de Lévi-Strauss :il dit qu'il aurait donné plusieurs années de sa vie pour diriger les *Maîtres Chanteurs*, et qu'il aurait rêvé d'être compositeur (ou romancier). Pour lui, les grandes formes de musique classique, de Bach à Stravinski, remplacent les discours mythiques, qui disparaissent à l'époque même où ces grandes formes naissent. La science elle-même prendrait le relais de la musique classique lorsque celle-ci ne parviendrait plus à reprendre les fonctions du mythe. La musique sérielle, à laquelle Lévi-Strauss se déclarait hermétique, aurait été une tentative de la musique pour devenir science d'elle-même.

Claude Lévi-Strauss n'a que 27 ans quand il part pour le Brésil en 1935, où il restera quatre ans. Il vient enseigner à l'Université de Sao Paulo. Il le fera en français, car le français était la seconde langue des Brésiliens bien éduqués. Claude Lévi-Strauss a

[12] Paris, Plon,1993, 188 p.

toujours affirmé la dette profonde qu'il avait envers le Brésil. Après la guerre, il n'y reviendra qu'une seule fois, en 1985. Avec Georges Dumas, le principal leader dans les relations intellectuelles franco-brésiliennes, la France souhaite approfondir son influence au Brésil. Georges Dumas a effectué une vingtaine de voyages au Brésil entre 1920 et 1938 et a notamment fondé à Sao Paulo l'Institut franco-brésilien et le Lycée franco-brésilien. Lévi-Strauss y part avec des auteurs français qui deviendront célèbres, comme Fernand Braudel, Roger Bastide et Fernand Maugüe.

Fondée par un décret du 27 janvier 1934, l'Université de Sao Paulo est animée par une intention moderniste et elle se veut la principale institution de l'amitié franco-brésilienne. Du côté brésilien, la fondation de cette université correspond à diverses tentatives menées par les dirigeants des vieilles familles de Sao Paulo pour reprendre l'initiative sur le plan intellectuel. Elles ont en effet été éloignées du pouvoir pendant la présidence de la République de Vargas. La famille Mesquita est particulièrement active.

Ce contexte favorable à un accroissement de la présence française n'en pose pas moins certains problèmes à Lévi-Strauss et à ses amis. Celui-ci ne se conçoit pas comme un ambassadeur de la France et a peu de goût pour les mondanités. Ses collègues et lui n'ont pas envie d'être assimilés à l'oligarchie pauliste et à son mode de vie aristocratique. De plus, Lévi-Strauss est chargé d'enseigner la sociologie. Il diffère de ses collègues brésiliens sur l'utilisation de cette discipline. Pour lui, elle ne peut être l'auxiliaire de l'administration, mais doit devenir une science à part entière. Bientôt, il se trouve en conflit avec Georges Dumas qui écrit : « *Je suis empoisonné par la Faculté de Sao Paulo* [...]. *Lévi-Strauss voudrait se faire créer une chaire d'ethnographie et fait de l'ethnographie dans ses cours.* [...] *Mon opinion est que Lévi-Strauss est un arriviste. Et que nous aurions bien fait de nous passer de ses services* ».

En juillet 1936, son cas est même évoqué en présence du président de l'Université, Antonio de Almeida Prado. Son contrat ne sera pas renouvelé en décembre 1937.

Quelle était la manière d'enseigner de Lévi-Strauss à Sao Paulo ? Il demandait à ses étudiants d'aller enquêter dans les différents espaces de cette ville, avec leur configuration sociologique. On était très loin du cours magistral traditionnel.

L'anthropologue brésilien Egon Schaden témoigne ainsi :

« *L'exposé n'était pas vif, mais les idées étaient toujours claires. Ce qui était surtout admirable, c'était sa manière de faire travailler et faire lire au moyen d'exposés, de séminaires et de discussions. Ce n'était pas quelqu'un de connu, mais beaucoup de gens assistaient à ses cours.* »

Dina, la première épouse de Lévi-Strauss, se met en contact avec Mario de Andrade, grand poète, animateur du Département de la culture de la municipalité de Sao Paulo. Ce département a entre autres missions, d'effectuer des recherches destinées à concevoir les politiques publiques dans le champ de la culture et de la préservation du patrimoine historique et artistique de la ville. Il va favoriser la mise en œuvre de la première expédition de Lévi-Strauss sur le terrain indien. Ce dernier s'en sent plus proche que de l'Université.

À partir d'avril 1936, Dina donne un cours d'ethnographie à une cinquantaine d'étudiants et de fonctionnaires municipaux dépendant de ce Département. Elle y obtient un grand succès et ce cours donne l'impulsion à la création de la *Société d'ethnographie et de folklore*. Cette société va devenir un pôle intellectuel important de Sao Paulo, centré sur l'ethnographie.

La première expédition va s'effectuer chez les Indiens *Caduevo*, pendant une quinzaine de jours. Le couple Lévi-Strauss est frappé par le contraste entre la pauvreté de l'existence matérielle de ces Indiens et la richesse de leur artisanat, notamment les peintures corporelles que dessinent les femmes, jeunes ou vieilles.

Lévi-Strauss va aussi beaucoup retirer de sa visite chez les Indiens *Bororo*, encore peu acculturés. Il fera une publication scientifique sur leur organisation sociale, parue dans le *Journal de la société des américanistes*, qui le fera connaître très favorablement. Kurt Unckel, un ethnographe allemand qui a adopté le nom indien de *Nimuendaju*, et qui est le meilleur spécialiste des populations indigènes du Brésil pressent toute la dimension intellectuelle et culturelle de Lévi-Strauss.

En 1937, Lévi-Strauss va effectuer une seconde expédition, chez les Indiens *Nambikwara*. Ceux-ci sont mal connus, et les sources les concernant datent des années 1910. Ces Indiens sont très pauvres, Lévi-Strauss est déstabilisé par le peu d'attrait esthétique de la culture. Il est tenté d'y voir des formes élémentaires de la vie sociale.

À partir de cette expérience, il établit une comparaison intéressante entre les terrains américains et africains :

« Le matériel que moi-même et mes collègues trouvions en Amérique du Sud était vraiment d'une autre nature que celui trouvé par nos collègues africanistes, c'est-à-dire, des sociétés relativement grosses d'une organisation sociale très compliquée, avec déjà des formes d'État, des appareils juridiques, policiers. Tandis que les petites populations que nous trouvions en Amérique du Sud nous mettaient en présence d'un type d'expérience sociologique complètement différent. D'abord, il fallait les chercher très loin, vaincre l'obstacle de la langue. Nous nous trouvions un peu dans la position de l'astronome en face de corps très loin de lui et dont il ne perçoit que certaines propriétés, les plus essentielles. Et puis dans cette petite société, certains mécanismes [...], *l'alliance, les règles du mariage ou autres, apparaissaient au premier plan. »*

Que dire des expériences de terrain de Claude Lévi-Strauss, étape qui a toujours été présentée essentielle pour l'acquisition de la qualité d'ethnologue ? Comme il le dit lui-même, il n'est pas à l'aise sur le terrain dont il supporte mal l'inconfort.

En 1988, Luiz de Castro Faria, qui avait participé à la seconde expédition écrit ainsi :« *Cette expédition était le prix que Claude Lévi-Strauss a payé pour être reconnu comme un véritable ethnologue. Mais comme on dit, il n'avait pas le 'physique du rôle'. Il avait des difficultés à communiquer et ça l'ennuyait d'être aussi loin de la civilisation, de son confort. Il était introspectif et silencieux* [...]. *C'était un philosophe chez les Indiens.* »

Pour lui, l'expédition, qui ne comporta que des échanges très limités dans le temps avec les Indiens, fut un échec total.

Lévi-Strauss retourne à Paris en mars 1939 et se sépare de Dina.

Par la suite, beaucoup de ses élèves du Laboratoire d'anthropologie sociale seront des américanistes : Arlette Frigout (Arizona), Pierre Clastres et Lucien Sebag (Paraguay), Robert Jaulin (Colombie), Jacques Lizot (Colombie/Venezuela), Jean Monod (Venezuela), Simone Dreyfus-Gamelon (Amazonie brésilienne), Carmen Bernand et Marina Le Clézio (Mexique).

Quelques années après sa disparition, qu'est-il possible de penser de l'œuvre de Claude Lévi-Strauss ?

Il avait fait des études de droit, dont il ne gardait pas un souvenir exaltant, pour employer un euphémisme... Pour réussir aux examens, comme il s'en explique dans *Tristes Tropiques*, il suffisait de réviser quinze jours avant les épreuves quelques fiches et de les apprendre par cœur.

Quand je l'ai rencontré au Laboratoire d'anthropologie sociale, j'ai essayé de lui expliquer que les études de droit avaient beaucoup changé. Il m'a dit que c'était possible, mais visiblement, il n'en était pas convaincu...

La critique principale qui est adressée à sa théorie structuraliste, est d'être un intellectualisme, de surcroît dénué d'une portée réellement métaphysique.

Un de ses assistants, Maurice Godelier, un des leaders de l'anthropologie marxiste française, fait ainsi observer qu'il ne s'est jamais demandé si les Indiens croyaient réellement à leurs mythes. Il lui reproche aussi d'avoir basé ses théories exclusivement sur l'échange. Or, chaque culture possède un noyau identitaire qu'elle ne veut pas fractionner dans l'échange.

Dina lui adresse en février 1963 une critique assez âpre dans *le Mercure de France*, à laquelle il ne répondra pas :

« *Loin de constituer une 'science du sensible et du concret', les fantaisies formelles des classifications de la pensée sauvage perdent de vue le réel* [...] *le névrosé obsessionnel passe sa vie à ranger ses armoires et ses tiroirs, à en inventorier le contenu, inventer des classements méthodiques de plus en plus précis* [...]. *Confondra-t-on ce délire classificateur avec quelque puissance spéculative ?* [...] *Lévy-Bruhl voyait dans les primitifs de grands enfants, encore tout englués dans l'affectivité. Lévi-Strauss les réduit à des machines bien conditionnées.* »

Le philosophe Paul Ricœur lui adresse une critique du même genre :

« *Pour vous, il n'y a pas de 'message'* [...] *; vous êtes dans le désespoir du sens ; mais vous vous sauvez par la pensée que, si les gens n'ont rien à dire, du moins ils le disent si bien qu'on peut soumettre leurs discours au structuralisme. Vous sauvez le sens, mais c'est le sens d'un non-sens, l'admirable arrangement syntactique d'un discours qui ne dit rien. Je vous vois à cette conjonction de l'agnosticisme et d'une hyper intelligence des syntaxes. Par quoi vous êtes à la fois fascinant et inquiétant.* »

Dans un passionnant entretien avec plusieurs autres auteurs[13], Lévi-Strauss répond en partie à cette question. Il y a en effet une contradiction entre tous ces efforts systématiques de la pensée humaine qu'il étudie et le fait qu'un jour ils s'aboliront dans le néant (cf. le final de *L'Homme nu*), et qu'ils ne signifient donc à proprement parler rien, dans une perspective assez bouddhiste. Lévi-Strauss admet que cette contradiction est insoluble, mais ajoute qu'il faut justement avoir le courage de vivre en l'assumant. Il prend pour exemple les découvertes de la cosmologie moderne, le phénomène du *Big Bang*, pour dire que les espaces et le temps astronomique sont incommensurables à nos existences, comme le constatait déjà Blaise Pascal, et qu'il faut pourtant continuer à vivre dans cet univers démesuré.

Ses propres élèves lui reprochent par ailleurs son manque d'engagement politique en faveur des populations qu'il a

[13] Cf. sur YouTube : *Lévi-Strauss 1988 Entretien avec Vernant, Bourdieu, Comte Sponville, Tournier, Heusch.*

étudiées. Pour eux, il y a un devoir moral pour les ethnologues à s'engager dans la défense des droits de ces populations. Robert Jaulin, Jacques Lizot, Pierre Clastres, Théodore Monod pensent que la politique et la science ne peuvent être disjointes. Robert Jaulin quitte le Laboratoire d'anthropologie sociale[14] et fonde en 1970 le département d'ethnologie de la nouvelle Université de Jussieu qui vise à mettre au service de la lutte indigène les données de l'ethnologie.

L'africaniste français Georges Balandier, fondateur de l'anthropologie dynamiste, lui reproche aussi en 2010 de s'en tenir à une analyse purement formelle des relations, dissociées de leur contexte historique et politique.

Pour ma part, je pense que les deux types de démarches ne sont pas contradictoires, mais complémentaires. J'ai toujours été attiré par le structuralisme qui me paraît être une véritable anthropologie en ce sens qu'il cherche à dégager les fondements parfois inconscients des mécanismes d'une société et vise une explication globale des sociétés par la voie comparative. Ce qui n'exclut pas la démarche plus politique qui consiste à prendre la défense des droits des populations autochtones, souvent victimes du développement économique et des politiques étatiques. En ce qui me concerne, j'ai d'abord procédé à une démarche purement intellectuelle en étudiant les compétitions de chants chez les Inuit et en essayant de contribuer au développement en France d'une nouvelle discipline, l'anthropologie juridique.

Mais parallèlement, à travers un certain nombre d'articles et d'ouvrages concernant les Inuit du nouveau Québec et du Groenland, j'ai aussi voulu participer à une lutte pour la préservation des droits de ces populations.

Par ailleurs, à un titre plus personnel, j'avoue être sensible aux intérêts esthétiques de Claude Lévi-Strauss, notamment à la musique. Ses *Mythologiques* sont parsemés de termes appartenant à la musique : fugue, symphonie, cantate, variations,

---

[14] Sur un ton amusé et un peu narquois, Lévi-Strauss dit lui-même qu'il y appelait les hommes par leurs noms et les femmes (nombreuses) par leurs prénoms.

etc. Il dresse de nombreux parallèles entre la mythologie et la musique[15] : les mythes et la musique sont des entreprises de suppression du temps.

Lévi-Strauss a été connu du grand public grâce à Jean Malaurie, qui lui a proposé d'écrire dans *Tristes Tropiques*, un grand succès éditorial[16], une sorte d'autobiographie.

Comme nous le verrons plus loin, il représente une façon de concevoir l'anthropologie d'une manière très différente de celle de Claude Lévi-Strauss.

B. Roger Bastide et le Brésil

Roger Bastide a été l'une des figures marquantes de l'anthropologie française au Brésil. Né en 1898, il est agrégé de philosophie en 1924, occupe la chaire de sociologie à Sao Paulo en 1938, jusqu'en 1957. En 1958, il devient professeur d'ethnologie à la Sorbonne. Il décède en 1974.

Comme Claude Lévi-Strauss, il recommandait à ses étudiants de chercher l'ailleurs dans le quotidien et pas seulement dans l'exotique.

Auteur de nombreux ouvrages, il a prononcé un an en avant sa mort, en septembre 1973 une conférence à l'Alliance française de Sao Paulo[17]. Cinq ans auparavant, aux États-Unis et en Europe occidentale, une série de mouvements animés par la jeunesse et contestataires des divers ordres établis s'étaient déroulés dans beaucoup de pays. À Sao Paulo, les milieux paulistes ont souvent parlé à propos de ces mouvements d'une décadence de la culture française et des pays latins. Dans sa conférence, Roger Bastide situe ces épisodes dans une perspective plus large, en cherchant

---

[15] Contestés par Jean-Jacques Nattiez, *Lévi-Strauss musicien-Essai sur la tentation homologique*, Arles, Actes Sud, 2008, 241 p.
[16] Paris, Plon,1955, 490 p.
[17] Cf. *La Revista do Instituto de Estudos Brasileiros*, n° 20, 1978, p. 13-25.

à démontrer qu'ils ne possédaient pas un caractère pathologique ni décadent.

En bon anthropologue, il part de la mythologie. Il fait observer qu'en Afrique la civilisation est souvent un don des dieux aux hommes. Dans la mythologie grecque, c'est le contraire, comme le montre le mythe de Prométhée. Ce dernier vole le feu du ciel à Zeus pour faire don de la civilisation à l'humanité. Mais il se rend coupable de démesure. Zeus le punit en lui envoyant un vautour qui lui dévore le foie. Le mythe s'achève par l'ouverture de la boîte de Pandore qui envoie sur l'humanité toute entière les guerres et les maladies. Le mythe montre donc un rapport dialectique entre la civilisation et l'ordre divin. De plus, comme Lévi-Strauss, Roger Bastide fait observer que les sociétés traditionnelles ne sont pas immobiles, mais que leur rythme de changement est moins rapide que celui des sociétés modernes. Beaucoup de pays non occidentaux acceptent l'occidentalisation, mais sous bénéfice d'inventaire : ils ne veulent pas perdre leurs traditions. En précurseur, Roger Bastide cite l'exemple des pays musulmans. Mais il pense que le Brésil est aussi un pays émergent, dans lequel doit s'instaurer un dialogue entre la culture et la contre-culture, la modernité et la contre-modernité.

Il procède à une analyse plutôt positive des communautés hippies en montrant qu'en Occident les jeunes des années 68 ont voulu dissocier le progrès et le bonheur. Plus largement, il fait observer que chaque fois que le progrès a pris une forme nouvelle, elle a suscité en réaction une contre-modernité, la modernité étant définie par lui comme la généralisation des moyens de communication entre les individus et les groupes, ainsi que par une critique des autorités traditionnelles. Ce phénomène est observable plusieurs fois dans l'histoire de l'Occident.

Par exemple, quand Descartes veut tout fonder sur la Raison, se multiplient en France les sectes démoniaques, les empoisonneuses, les guérisseuses, sans parler des possédées de Loudun. Au début du XIXe siècle se produit le passage du premier capitalisme à un capitalisme industriel plus moderne. C'est aussi l'époque du romantisme et de diverses révolutions en

Europe : les « *printemps des peuples* ». En mai 68, le capitalisme industriel est concurrencé par le capitalisme financier.

Que penser de ce texte cinquante ans après (en mai 1968, j'avais vingt ans et j'étais étudiant à la Faculté de droit d'Aix-en-Provence) ?

Les communautés hippies n'ont pas résisté à l'épreuve du temps. Mais sur bien des points, Roger Bastide a été un précurseur. On pense évidemment à la mondialisation et à la généralisation de l'informatique par Internet. On s'aperçoit aussi de la fin d'un rêve. Dans les années 1990, l'espoir d'une croissance mondiale nouvelle dont les pays émergents seraient les locomotives paraissait près de se réaliser. En fait, il s'en est suivi un accroissement spectaculaire des inégalités. S'est produite aussi une désindustrialisation massive. Entre 1980 et 2010, la part de l'industrie en nombre d'heures travaillées passe de 23 % à 14 % en Europe et de 19 % à 10 % aux États-Unis[18].

Semble aussi confirmée la dissociation entre progrès technologique et bonheur opérée par les mouvements de mai 68. Une étude intitulée « *Internet et la satisfaction de la vie* »[19] montre que le temps passé sur Internet est corrélatif à une augmentation de la solitude.

La solitude est d'ailleurs un innommé des sociétés postmodernes, généré notamment par la multiplication des divorces et le vieillissement. On peut à la rigueur se montrer nu, mais il est impudique de dire qu'on est seul et qu'on en souffre.

De même, alors que le niveau de vie dans les pays occidentaux a été plusieurs fois multiplié depuis les années cinquante, les indicateurs de bien-être en Occident ont baissé de près de 30 % par rapport au niveau atteint dans ces années. Environ 15 % des Américains de moins de 35 ans ont connu un épisode dépressif majeur. En 30 ans, en France, la consommation d'antidépresseurs a été multipliée par trois, les tentatives de suicide des 15/25 ans par deux.

---

[18] Cf. Daniel Cohen, *Homo Economicus*, Paris, Albin Michel, 2012, p. 143.
[19] *Ibid.*, p. 160.

La conclusion est nette : alors que le progrès matériel augmente, le bonheur régresse ou stagne[20].

Face à ce nouveau tournant, il est difficile de discerner quel pourrait être un nouvel avatar de la contre-modernité. La généralisation des réseaux sociaux ne produit qu'une sociabilité immatérielle. Sans qu'on puisse revenir aux formes des communautés hippies, on peut penser qu'un besoin de rapprochement concret trouvera des formes de manifestation. C'est à mon sens ce que signifiaient les divers mouvements de *Nuit Debout* : leur force contestataire a été faible et finalement éphémère. Mais les participants, surtout des jeunes, les plus connectés, pouvaient se voir, se toucher et se parler. On se souvient que Michel de Certeau a défini très justement mai 68 comme un phénomène de libération de la parole. Pour sa part, Claude Lévi-Strauss a tout de suite marqué sa distance avec ces mouvements, se scandalisant que les étudiants parisiens aient pu couper des arbres.

On peut aussi penser que les formes actuelles de terrorisme sont en partie générées par ce besoin d'un rapprochement concret. Contrairement aux lieux communs, on ne devient pas djihadiste uniquement par Internet : il faut un contact personnel avec des recruteurs. Le djihadiste va trouver une nouvelle famille, avec en plus l'assurance du Paradis s'il devient un martyr, une récompense que ne pouvaient donner les communautés hippies.

Dans ces lignes sur l'anthropologie française au Brésil, je souligne l'importance de Claude Lévi-Strauss et de Roger Bastide, car ils sont étroitement associés à la mémoire de la France au Brésil et à celle du Brésil en France. Ils ne sont évidemment pas les seuls anthropologues français à s'être intéressés à l'Amérique du Sud ; plusieurs ont été notamment les élèves de Claude Lévi-Strauss.

Philippe Descola, célèbre par ses critiques de la distinction qu'il estime être occidentale entre nature et culture, a étudié les Jivaros *Achuar* au Pérou. Alfred Metraux, Suisse formé à Paris, s'est consacré à des populations de la Cordillère des Andes, en

---

[20] *Ibid.*, p. 11.

Argentine et en Bolivie. Paul Rivet, fondateur du Musée de l'Homme en France, a fait son terrain en Équateur, comme Anne Christine Taylor. Robert Jaulin pour sa part s'est plutôt intéressé au Venezuela et à la Colombie

Mais je voudrais revenir plus particulièrement sur ceux qui ont fait en tout ou partie leur carrière au Brésil.

C. Les anthropologues français au Brésil et en Amérique du Sud

En premier lieu, un nom qui a beaucoup compté en France à la fin du siècle précédent, Pierre Clastres (1934-1977), disparu prématurément dans un accident de voiture en France.

Il a travaillé surtout sur les *Guayaki* du Paraguay, et un peu sur les Guarani du Brésil en 1974, peu de temps avant sa mort. C'est un élève dissident de Claude Lévi-Strauss, qui a quitté assez brutalement le *Laboratoire d'anthropologie sociale*. Pour toutes les théories, il faut tenir compte du contexte historique dans lequel elles s'inscrivent. 1968 a été en France une période de remise en cause de bien des traditions. Lévi-Strauss n'a manifesté aucune sympathie envers les mouvements étudiants, pourtant prêts à en faire une de leurs figures. C'est donc l'époque d'une critique des sociétés occidentales et peut-être d'une certaine idéalisation des autres. Clastres pense que si les sociétés premières, en tout cas celles qu'il a étudiées, sont souvent a-étatiques, ce n'est pas par infériorité ou infirmité de leur pensée, mais au contraire par ce qu'elles pressentent ce que l'invention de l'État implique pour elles de nuisible : essentiellement les divisions et des hiérarchies socio-économiques[21]. Son approche est à mettre en parallèle avec celles d'autres auteurs, à la même époque. Toujours en France, Michel Alliot (récemment décédé), et Étienne Le Roy, anthropologues du droit français que j'ai bien

[21] Cf. Pierre Clastres, *La société contre l'État*, Paris, éditions de minuit, 1974, réédition 2011, 185 p.

connus, réhabilitent les formes « premières » du droit, notamment la coutume, à partir d'exemples surtout africains.

Pour ma part, après avoir étudié les compétitions de chants dans les sociétés *Inuit* du Groenland qui ont persisté jusqu'au début du siècle précédent et écrit un petit livre à ce sujet, je pars en 1975 au Nouveau-Québec enquêter sur la toute récente Convention de la Baie James, puis au Groenland avec Jean Malaurie qui tourne un film pour la télévision française.

En Amérique du Nord, Marshall Sahlins[22] est un admirateur de Claude Lévi-Strauss, Roger Bastide et Georges Balandier. C'est un anthropologue spécialisé dans l'étude des économies des sociétés premières, qui démontre en 1976 dans son ouvrage *Age d'or, âge d'abondance : l'économie des sociétés primitives* que si elles ne produisent pas de surplus, c'est parce qu'elles n'en ressentent tout simplement pas le besoin et non pas à cause de la supposée précarité de leur vie ou du caractère rudimentaire de leur outillage. Plus tard, en 2007, dans *La découverte du vrai sauvage*, il montre comment les sociétés premières confrontées à la modernité ne la subissent pas seulement mais évoluent pour s'y adapter. Toutes ces théories convergent vers une conclusion : l'aliénation accompagne inexorablement le développement de l'État et celui de l'économie.

En 1977, les théories de Clastres ont été critiquées par William Lapierre (1921-2007), un auteur que j'ai eu comme enseignant à Aix-en-Provence dans le DEA de Science Politique (où j'avais comme camarade Bruno Étienne qui deviendra islamologue)[23] . Il classe les sociétés en neuf niveaux et pense qu'aucune n'évite la coercition sur le plan politique. Il soutient également que l'invention de l'État peut être une nécessité, notamment en raison des guerres.

---

[22] Cf. Marshall Sahlins, *Âge de pierre, âge d'abondance : l'économie des sociétés primitives*, Paris, Gallimard, 1976, 409 p. (réédition en 2017 chez Gallimard, 587 p.) ; *La découverte du vrai Sauvage*, Paris, Gallimard, 2007, 456 p.

[23] Cf. Jean-William Lapierre, *Vivre sans État ? Essai sur le pouvoir politique et l'innovation sociale*, Paris, Le Seuil, 1977, 374 p.

La mort accidentelle et précoce de Clastres ne lui a pas permis d'aller plus loin dans l'élaboration de sa pensée. Plus tard, un autre anthropologue français, Alain Testart (1945-2013), qui s'affirme évolutionniste, ne s'est pas intéressé aux expériences de terrain, mais a publié d'importants ouvrages sur la classification des sociétés[24]. Malheureusement, il a lui aussi disparu précocement.

Un autre anthropologue français bien connu au Brésil, notamment à Bahia et Sao Paulo[25], est François Laplantine (1953-), un ethno-psychiatre. Il insiste sur l'absence de coupure nette entre l'intelligible et le sensible, contrairement aux catégories aristotéliciennes. Dans ses terrains, il étudie certaines danses brésiliennes : *ginga* et *capoeira.* Pour lui, l'expérience de terrain « *est une expérience de partage du sensible* ». Dans son ouvrage sur *Le social et le Sensible*[26], il se prononce pour ce qu'il appelle une anthropologie modale. C'est-à-dire une anthropologie basée sur l'étude des modes de vie, des manières d'être, qui s'attache à la fluidité des comportements. En ce sens, c'est un anti-structuraliste.

Plus controversée est la personnalité de Jacques Lizot (1938-). C'est un ancien élève de Claude Lévi-Strauss et membre du Laboratoire d'anthropologie sociale, qui a travaillé en Amazonie au Brésil et au Venezuela, où il a effectué de très longs séjours (plus de vingt ans) sur le terrain. Linguiste, il a publié un dictionnaire de la langue des *Yanomami.* Mais il a été accusé d'avoir introduit chez eux la prostitution et surtout l'homosexualité pédophile.

Plus rapidement, on peut aussi citer Simone Dreyfus Gamelon qui a travaillé en Amazonie brésilienne.

---

24 *Éléments de classification des sociétés*, Paris, Errance, 2005. Voir aussi : *Les chasseurs-cueilleurs ou l'origine des inégalités*, 1982 ; *La servitude volontaire*, 2004 ; *L'esclave, la dette et le pouvoir : Études de sociologie comparative*, Paris, Errance, 2001.

25 Cf. François Laplantine et Claude Olievenstein, *Um olharfrances sobre Sao Paulo*, Sao Paulo, ed. Brasiliense, 1993.

26 Cf. François Laplantine, *Le Social et le Sensible : introduction d'une anthropologie modale*, Paris, Teraèdre, 2005, 220 p.

Dans un ouvrage publié en décembre 2015, *Les indiens d'Amazonie face au développement prédateurs, Nouveaux projets d'exploitation et menaces sur les droits de l'homme*, elle constate que si les politiques d'assimilation des Indiens disparaissent massivement des textes constitutionnels brésiliens, cependant, leurs droits fondamentaux sont violés par les grandes entreprises à la recherche de minerais, de pétrole et de gaz. Elles construisent notamment parfois barrages et routes sans se préoccuper de leurs droits. Plus largement, il s'agit ici du thème de la responsabilité sociétale des entreprises et des rapports de leurs activités avec les droits de l'homme.

Je suis moi-même l'auteur de deux textes récents sur le développement durable, notamment dans le cas du Groenland, où l'on a découvert il y a peu de temps d'importantes réserves de minerais rares[27].

On peut aussi citer Patrick Deshayes. Il a travaillé dans l'Amazonie péruvienne, mais également au Brésil, dans l'État d'Acre. C'est un disciple de Robert Jaulin, qui insiste sur le devoir de l'ethnologue de s'engager concrètement dans la défense des minorités qu'il étudie, ce à quoi s'est en général refusé C. Lévi-Strauss. Moi-même je partage son point de vue, et dans mes écrits sur les *Inuit* contemporains, j'ai toujours essayé de contribuer dans ma mesure au respect de leurs droits.

Parmi les anthropologues français travaillant au Brésil à l'époque actuelle dans cette perspective d'une anthropologie engagée, il faut enfin citer Bruce Albert, Directeur de recherche à *l'Institut de recherche sur le développement* à Marseille, en France. C'est un acteur majeur de la défense des Indiens Yanomami, avec lesquels il travaille depuis 1975. *La chute du ciel*, (paru en 2010) préfacé par Jean Malaurie dans la collection Terre Humaine, peut être considérée comme un ouvrage majeur de l'anthropologie amazonienne.

---

[27] Cf. Norbert Rouland, « Canada et Groenland : une étude comparée et historique », *Revue de la recherche juridique*, 2017/2, XLII/167, p. 529-549 ; « Problématiques de la responsabilité sociale des entreprises : aspects juridiques et anthropologiques », *Revue de la recherche juridique*, 2017/3, p. 894-910.

Cet ouvrage est la transcription de centaines d'heures d'entretiens entre l'anthropologue et un shaman Yanomami, Kopenawa Davi[28]. Il repose sur ce que Bruce Albert appelle le « pacte ethnologique » : l'ethnologue doit non seulement interférer le moins possible dans les matériaux qu'il collecte, mais il doit aussi participer à la défense des sociétés qu'il étudie, si elles sont menacées, ce qui est le cas des Yanomami au Brésil, qui doivent faire face aux projets de développement de l'État brésilien et au prosélytisme des missionnaires.

Les huit premiers chapitres sont consacrés à l'ethnographie des esprits. Les huit chapitres suivants relatent la rencontre des Yanomami avec les Brésiliens, destructrice de leurs traditions et parfois de leur intégrité physique. C'est à l'occasion de ces contacts que Kopenawa décide de devenir shaman.

Les neuf autres chapitres relatent ses activités en tant que porte-parole de son peuple, qui l'ont notamment mené aux États-Unis, en Grande-Bretagne et en France. Il est choqué par la visite des musées, où sont exposés des restes humains de populations indigènes. Et également, dans le Bronx, par l'indifférence des Blancs à l'exclusion sociale.

Il s'agit donc d'un témoignage exceptionnel, dans la ligne de ceux que Jean Malaurie a déjà publiés dans la collection *Terre Humaine*.

La participation des anthropologues à la défense des populations qu'il étudie a été une des grandes différences existant entre les carrières de Claude Lévi-Strauss et de Jean Malaurie.

---

[28] Cf. José Antonio Kelly Luciani, Kopenawa Davi et Bruce Albert, « La chute du ciel-Paroles d'un shaman Yanomami », *Journal de la Société des Américanistes*, 2011, n° 97-1, p. 339-357.

Section II
La carrière de Jean Malaurie : une comparaison avec Lévi-Strauss

Tout d'abord membre des expéditions françaises Paul-Émile Victor, Jean Malaurie, aujourd'hui âgé de 94 ans, s'est vite affranchi d'une tutelle qui lui paraissait pesante. Engagé dans la rédaction d'une thèse de géomorphologie, il choisit le nord du Groenland comme terrain d'étude. Là, il découvre les Inuit, qui sont pour lui une seconde école et qui le révèlent à lui-même.

Il y effectue de longs séjours en solitaire (en 1950 et 1951), apprend la langue et découvre au lendemain de la Seconde guerre mondiale l'installation d'une base américaine à Thulé. Auteur de nombreuses études, fondateur du *Centre d'études arctiques*, il deviendra la personnalité médiatique la plus connue en France en ce qui concerne l'Arctique. À l'époque de la guerre froide, où les travaux des anthropologues russes étaient très peu connus, il met l'accent sur l'importance de la recherche russe et soviétique dans le monde arctique. Avec l'appui de Boris Eltsine, il fonde à Saint-Pétersbourg l'Académie polaire, qui assure la formation des élites autochtones.

Il crée la prestigieuse collection *Terre Humaine*, qui donne la parole aux sujets et aux humbles.

« *Je n'ai pas étudié les Inuit, je les ai vécus* ». Cette phrase résume sa méthode. Pour lui, il faut sentir avant de penser, ce qui ne peut se faire qu'à la condition d'une immersion prolongée dans le milieu.

Dans son observation des Inuit, il est particulièrement sensible aux mouvements corporels peut-être souvent plus révélateurs que les paroles.

Il affirme à très juste titre que le sujet observé doit aussi être l'ethnologue lui-même. Il porte aussi une attention particulière à la musique qui est « *la vraie langue* » des Inuit.

Michel Leiris écrit aussi en 1988 :

« *Je pense que l'élément subjectif doit être présent, alors il vaut mieux qu'il le soit d'une façon manifeste plutôt que d'une façon cachée. Il faut mettre cartes sur table en somme. Voilà, je suis comme ceci, et moi qui suis comme ceci, j'ai vu comme cela. Pour moi, c'est élémentaire* [...]. *Il vaut infiniment mieux que cette subjectivité soit avouée que dissimulée, qu'on sache à quoi s'en tenir.* »

Cela rejoint le constat de Georges Balandier qui dans *Afrique ambiguë* avait déjà écrit :

« *Si le moi est haïssable, il faut accorder une exception à l'ethnologue. Il doit situer son témoignage qui, plus encore que d'une technique savante, procède de multiples et complexes interférences entre la civilisation observée et l'observateur* [...]. *Aussi est-il nécessaire qu'il se 'découvre' en même temps qu'il étudie les résultats de sa recherche.* »

Pour ma part, je suis parfaitement d'accord avec cet impératif méthodologique. Trop souvent, les universitaires enseignent des choix théoriques à leurs étudiants en se fondant sur la seule rationalité. En réalité, ces choix théoriques découlent aussi d'éléments subjectifs tenant aux expériences de vie.

Je me souviens de la parole de mon professeur de droit constitutionnel, Michel-Henry Fabre, qui, quand je fus devenu son collègue me dit :

« *Un bon professeur est celui qui enseigne non seulement ce qu'il sait mais ce qu'il est.* »

On comprend que Jean Malaurie ne se soit jamais reconnu dans le structuralisme ni dans le marxisme. Pour lui, c'est le sacré qui compte avant tout. En témoignent certains de ses choix éditoriaux pour la collection *Terre humaine* : *De mémoire indienne* recueille le témoignage d'un *medicine man* indien ; 2000 verra la publication du *Candomblé de Bahia* ; la *Chute du ciel* parue en 2011 donne la parole à un shaman d'Amazonie ; 2013 voit la parution de *La flûte des origines*, ouvrage consacré à la mystique soufie.

Jean Malaurie a parfois été contesté en tant qu'anthropologue, notamment au Canada. Ce n'est pas un théoricien comme Claude Lévi-Strauss. Mais il a parfaitement rempli ce que j'estime être des devoirs fondamentaux de l'anthropologue : défendre sa discipline dans le Colisée de l'Université française, donner la parole à ceux qui ne l'ont jamais, expliquer ses recherches au grand public avec les moyens de communication modernes.

Jean Malaurie est le frère d'un juriste bien connu, Philippe Malaurie, qui a fait beaucoup pour la propagation en France du courant *littérature et droit*. À la différence de Claude Lévi-Strauss, Jean Malaurie n'a jamais fait de droit. Mais je peux témoigner par les conversations que j'ai eues avec lui quand j'étais encore jeune chercheur, qu'il était parfaitement conscient de l'importance du droit pour la discipline anthropologique.

Au cours des contacts personnels que j'ai eus avec lui, il a toujours insisté sur la nécessité de l'expérience de terrain. Celle-ci constitue en effet la porte d'entrée dans le métier d'anthropologue, aujourd'hui encore. Cela dit, Jean Malaurie a fait beaucoup d'enquêtes sur le terrain, mais n'a pas attaché son nom à de grandes découvertes théoriques. C'est exactement l'inverse de la carrière de Claude Lévi-Strauss. Plus près de nous, Alain Testart n'a pas non plus fait beaucoup de terrain. Il est cependant l'auteur d'ouvrages fondamentaux sur l'anthropologie.

Section III
L'enquête sur le terrain

Même si la sociologie repose aussi sur des enquêtes effectuées dans la vie concrète, l'ethnologie s'en distingue par une immersion plus profonde du chercheur : c'est ce qu'on appelle l'enquête de terrain, une spécificité de l'ethnologie depuis le début du XXe siècle.

Je voudrais d'abord procéder à quelques considérations sur l'enquête de terrain en anthropologie générale ; puis aborder le cadre des enquêtes de terrain en anthropologie juridique, à la lumière des expériences russes des soviétiques et de ma propre expérience.

A. La face cachée du terrain : le témoignage de Nigel Barley

Dans ses récits autobiographiques, l'anthropologue anglais Nigel Barley[29] raconte ses expériences de terrain chez les *Dowayo*, une société des montagnes du Nord Cameroun. Il le fait sur un mode humoristique, mais son récit vaut bien des textes abstraits. Je ne résiste pas au plaisir d'en citer quelques extraits :

« *La profession regorge d'adeptes inconditionnels du travail sur le terrain-la peau tannée par les climats torrides, les dents serrées en permanence après des années passées au contact des indigènes-qui, en définitive, n'ont rien à dire d'intéressant dans le cadre d'une discipline universitaire. Nous autres, inefficaces 'nouveaux anthropologues', avec nos doctorats de rats de bibliothèque, nous avions décidé que toute cette affaire de recherche sur le terrain était plutôt surfaite. Bien sûr, les anciens qui avaient servi aux beaux jours de l'Empire en* 'faisant carrière dans l'anthropologie' *avaient tout intérêt à entretenir le culte du*

[29] Nigel Barley, *Un anthropologue en déroute*, Paris, Payot, 1992, 277 p. ; *Le retour de l'anthropologue*, Paris, Payot, 1986.

Dieu dont ils étaient devenus les grands prêtres. S'ils avaient pu bel et bien supporter épreuves et privations au cœur des marécages et de la jungle, ce n'était pas pour voir des freluquets prendre un raccourci. Toutefois, s'il leur arrivait au cours d'un débat d'être interpellés sur un point de théorie ou de métaphysique, ils finissaient par secouer tristement la tête, tirer languissamment sur leur pipe, caresser leur barbe et marmonner quelque chose à propos des 'vrais indigènes', *en ignorant les pures abstractions maniées par ceux qui* 'ne sont jamais allés sur le terrain'. *Ils manifestaient une sincère amitié pour tous ces collègues malchanceux, mais l'affaire était entendue. Eux y étaient allés, ils avaient vu de leurs propres yeux. Il n'y avait rien à ajouter* […]. *Le passé d'un homme de terrain lui accorde automatiquement le droit d'être un raseur. Ses amis, comme ses parents, sont un peu déçus si chaque sujet abordé, de la lessive à l'art de soigner un banal rhume, n'est pas truffé de réminiscences ethnographiques. Les vieux récits deviennent de vieux compères et, très vite, il ne reste plus que le bon temps passé sur le terrain, excepté quelques îlots encombrants d'inéluctable tristesse qui refusent de se laisser oublier dans l'euphorie générale.* […] *Ils bénéficient auprès du public d'une image flatteuse. Tel n'est pas le cas des sociologues, qui passent pour des gens de gauche sans humour, grands débiteurs d'inepties et de lieux communs. Mais les anthropologues se sont assis aux pieds des saints hindous ; ils ont vu des dieux étranges et ont été les témoins de rites immondes ; enfin, ils se sont rendus bravement là où nul homme ne s'était aventuré auparavant. Ils baignent dans les effluves de la sainteté et de la divine gratuité.* […] *Rassembler des faits n'offre que peu d'attrait. L'anthropologie ne pèche pas par manque de faits, mais faute d'une pincée d'intelligence pour en tirer parti. L'esprit du* 'collectionneur de papillons' *règne sans conteste sur la discipline. Il imprègne les travaux de nombreux ethnologues et interprètes en panne d'inspiration qui accumulent des exemples significatifs de coutumes curieuses, classées par région, par ordre alphabétique, par ordre d'évolution, selon la nomenclature en vogue.* […] *Une fiction de bon ton veut que les anthropologues soient consumés du désir de vivre parmi une population de cette planète qu'ils croient dépositaire d'un secret d'une grande portée pour le reste des humains. Suggérer qu'ils pourraient travailler autre part revient à supposer qu'ils pourraient tout aussi bien avoir épousé la première venue et non l'âme-sœur.* »[30]

Dans le récit de son expérience, Nigel Barley insiste sur le fait que l'observateur est lui-même observé. Et sa présence même modifie les comportements de ceux qu'il observe, souvent inspirés par l'intérêt matériel : l'ethnologue appartient à un monde où les possibilités économiques sont sans commune mesure avec celles du milieu local. Il raconte aussi comment certaines de ses intuitions scientifiques se sont révélées sans fondement. Les erreurs peuvent être sources d'enseignement, mais il est rare qu'on les relate...

De manière plus académique, on fait remonter à Malinowski le tournant historique de l'importance prise par l'enquête sur le terrain en anthropologie[31]. Au début du XXe siècle, on faisait de l'anthropologie à la manière de l'histoire. On travaillait sur des documents, sur des récits de voyageurs, mais il n'était pas dans les mentalités d'exiger de l'anthropologue qu'il se déplace sur le terrain. Malinowski avait déjà travaillé de seconde main sur les Aborigènes d'Australie quand il part en 1914 en Nouvelle-Guinée. Né à Cracovie, il est sujet de l'Empire austro-hongrois. La guerre est déclarée : il devient un ennemi dans les colonies britanniques. Pour échapper à l'internement dans un camp, il effectue jusqu'en 1918 plusieurs séjours dans les îles Trobriand, au nord-ouest de la Nouvelle-Guinée. Il vit avec les indigènes, mais pas comme les indigènes : il reste un Blanc, servi par ses *boys*. Il tient un journal, qui ne sera publié qu'après sa mort, en 1967, et qui révélera ses angoisses, ses lassitudes au cours de son travail sur le terrain. Quoi qu'il en soit, Malinowski a conceptualisé l'enquête sur le terrain. Elle n'est plus seulement une étape d'accumulation des données : dans la manière dont il les constitue, l'ethnologue ne se borne pas à les constater, mais il doit être capable de les construire et de les mettre en relation.

---

30 Nigel Barley, *Un anthropologue en déroute, op. cit.*, p. 10-15.

31 Cf., entre autres, Benoît de l'Estoile, « L'invention du terrain », *Sciences humaines*, décembre 1998/janvier 1999, p. 13-16.

Auparavant, c'était surtout à l'anthropologue, dans le silence de son cabinet, à effectuer ce travail à partir de données supposées brutes transmises par les informateurs, les missionnaires, les voyageurs et les fonctionnaires coloniaux :

« *En ce qui concerne le terrain anthropologique, nous exigeons une nouvelle méthode de recueil des matériaux. L'anthropologue doit abandonner sa confortable position dans une chaise longue sur la véranda d'une mission, d'un poste gouvernemental, ou du bungalow d'un planteur, où, armé d'un carnet et d'un crayon (et parfois de whisky soda), il s'est habitué à recueillir les déclarations d'informateurs, à mettre par écrit des histoires, et à noircir des feuilles de papier de textes sauvages. Il doit aller dans les villages, et regarder des indigènes au travail dans les jardins, sur la plage, dans la jungle ; il doit s'embarquer avec eux vers de lointains rivages et des tribus étrangères, et les observer dans leurs expéditions outre-mer pour la pêche, le commerce et les cérémonies. L'information doit lui parvenir, avec toute sa saveur, de ses propres observations de la vie indigène, et non être extorquée goutte-à-goutte à des informateurs récalcitrants.* »[32]

En clair, l'anthropologue doit mouiller sa chemise…

Il faudra attendre 1928 pour que les ethnologues français appliquent ces idées : jusque-là, ils n'ont pas de contact direct avec les populations lointaines qu'ils étudient[33]. En 1925, la création de *l'Institut d'ethnologie* de l'Université de Paris est inspirée par l'idée de nécessité de l'enquête sur le terrain, notamment soutenue par Marcel Mauss. Marcel Griaule, un de ses élèves, part en 1928 en mission en Éthiopie. Dans les années trente, il organise trois grandes expéditions ethnographiques en Afrique. Il préconise l'observation plurielle : des enquêteurs d'origine européenne et autochtone croisent sur le terrain leurs observations. Entre 1946 et 1956, il effectue de longs séjours chez les Dogon.

---

[32] Bronislaw Malinowski, « Le mythe dans la psychologie primitive » in *Trois essais sur la vie sociale des primitifs*, Paris, Payot, 1968.

[33] Cf. Éric Joly, « La naissance de l'ethnographie française », *Sciences humaines*, 23 décembre 1998/janvier 1999, p. 17-18.

Mais qu'en est-il des juristes ?

B. L'enquête de terrain en anthropologie juridique : le leadership de l'anthropologie russe

J'ai indiqué dans un autre ouvrage les règles fondamentales de l'enquête en anthropologie juridique[34]. Je souhaite ici procéder à un rapide examen des biographies des chercheurs qui ont innové en anthropologie dans ce domaine.

Jusqu'à il y a peu de temps, l'œuvre des chercheurs russes et soviétiques était pratiquement inconnue dans le monde occidental.

Bien qu'il ait fait des études de droit, Georges Gurvitch, d'origine russe et devenu français, est surtout connu par les sociologues et non par les juristes. Pourtant, c'est lui qui introduit en 1935 ce qu'on ne nommait pas encore le pluralisme juridique, en se servant de l'histoire du droit pour montrer que le Moyen Âge a connu la multiplicité des systèmes juridiques. Moins connu, Pitirim Sorokine a été un sociologue du droit, mais qui a manifesté de l'intérêt pour l'anthropologie juridique. Il a fait ses études à l'Université de Saint-Pétersbourg et obtenu en 1916 un doctorat en science criminelle. Après la révolution bolchevique, étant anticommuniste, il échappa de peu à la mort et s'exila aux États-Unis. Il est surtout connu comme un théoricien de la mobilité sociale et de l'altruisme.

Comme le rappelle Anatoly Kovler, cette méconnaissance était due à l'absence de traductions, mais aussi à des considérations d'ordre politique[35] : ses chercheurs appartenaient à ce qu'un président américain a appelé l'Empire du Mal... les choses ont

---

34 Cf. Norbert Rouland, *op. cit.*, p. 163-179. Voir aussi : Jean Poirier, *Questionnaire d'ethnologie juridique appliqué à l'enquête de Droit coutumier*, Bruxelles, éditions de l'Institut de sociologie de l'Université libre de Bruxelles, 1963, 51 p.

35 Cf. Anatoly Kovler, « L'anthropologie juridique en Russie : passé et présent d'une (grande) inconnue », *Droit et Cultures*, 50, 2005/2, p. 13-28.

heureusement changé. Pendant la période tsariste, les chercheurs russes ont joué un rôle innovateur dans bien des domaines de l'anthropologie juridique, notamment l'enquête sur le terrain. Et cela bien avant Malinowski. Comme dans les cas français et britannique, l'administration russe, à l'occasion de la colonisation de la Sibérie, du Caucase et de l'Asie centrale, avait rencontré les cultures juridiques de peuples autres que les Russes. En 1822, la Charte du Gouvernement des indigènes pose le principe de la préservation du droit local et stimule l'étude du droit coutumier, qui se développa à partir d'enquêtes sur le terrain chez les peuples autochtones, qui se déroulèrent à partir des années 1840. Un questionnaire détaillé est mis au point, qui permet la coordination de recherches sur un espace de plusieurs milliers de kilomètres.

Bien avant que le pluralisme juridique soit théorisé comme l'élément fédérateur des anthropologues du droit dans le monde, plusieurs auteurs russes ont analysé et défendu la coexistence entre les normes du droit coutumier et celles du droit étatique. Cela tout spécialement en Asie centrale. Le premier chercheur incontournable est Maxime Kowalevski, dont Karl Marx utilisa les travaux. C'était un juriste, mais aussi un politologue et un anthropologue. Ses enquêtes de terrain se sont surtout déroulées dans les montagnes caucasiennes et sa renommée était grande à la fin du XIXe siècle. Il faut également citer Nikolaï Mikloukho-Maklay (1846-1888). Après des études de médecine en Allemagne, avec l'appui de la société géographique russe, il organise des expéditions scientifiques sur le littoral de la Nouvelle-Guinée, quelques décennies avant Malinowski. Également avant Lévi-Strauss, il pense que la pensée sauvage n'est pas la pensée des sauvages, mais peut se retrouver également chez l'homme moderne, et que les « primitifs » ne lui sont pas inférieurs. Ses œuvres ne furent publiées que trente-cinq années après sa mort, par les soviétiques.

À la différence de la sociologie et de la science politique, l'anthropologie et l'ethnographie ne furent pas supprimées, ne serait-ce qu'en raison de la persistance de l'originalité des peuples autochtones, et même si la primauté du droit de l'État soviétique était nettement affirmée. Les grands centres de recherche continuèrent à accumuler des données, et les revues d'ethnographie avaient plusieurs milliers de lecteurs. Les professeurs d'histoire du droit puisaient largement dans les travaux de leurs confrères anthropologues et ethnographes, attitude qui n'est pas celle des professeurs français, en ce début du XXIe siècle... Quels professeurs enseignant le droit de la famille ont lu les *Structures élémentaires de la parenté* ?

Pendant cette période, la personnalité la plus notable est Vladimir Bogoraz (1865-1936). Il fait ses études à Saint Pétersbourg. Partisan des idées révolutionnaires, il est exilé en 1886 dans la région de la *Kolyma*, où devait plus tard s'implanter le Goulag. C'est là qu'il éprouve la vocation d'anthropologue et c'est à partir de cette expérience qu'il publie ses premières recherches sur la langue et le folklore du peuple tchouktche, traduites en des langues étrangères. En 1901 et 1902, il est un des membres de l'expédition organisée par Franz Boas, chercheur d'origine allemande installé aux États-Unis, lui aussi précurseur de l'enquête sur le terrain. Notons au passage le caractère très novateur de la démarche de Franz Boas. En 1883 et 1884, il se rend dans l'Arctique canadien, dans la terre de Baffin, et découvre les cultures *Inuit*. En 1928, il publie un ouvrage où il envisage les sociétés modernes à la lumière de l'anthropologie[36], comme le fera bien plus tard en France Marc Augé[37]. Cet ouvrage est brûlé par les nazis, ce qui est bon signe. On y trouve des idées qui sont pour l'époque tout à fait nouvelles : il se prononce pour une égale créativité entre la femme et l'homme, pour les rapports sexuels avant le mariage, écrit que les sociétés dites primitives ne sont pas fondamentalement différentes des nôtres et récuse les théories racistes. On s'étonne qu'un tel ouvrage ne soit pas plus fréquemment cité de nos jours...

---

[36] Franz Boas, *Anthropology and modern life*, Greenword Press Publishers, Wesport, Connecticut, 1932. Boas était membre du parti communiste et admirateur de Staline.

[37] Cf. Marc Augé, *Domaines et châteaux*, Paris, Seuil, 1989, 185 p. ; *Un ethnologue dans le métro*, Paris, Hachette, 1986, 125 p. ; *La traversée du Luxembourg : ethno roman d'une journée française considérée sous l'angle des mœurs de la théorie et du bonheur*, Paris, Hachette,1985, 195 p.

Après la révolution bolchevique, Bogoras est nommé professeur à l'Université de Leningrad. En 1922, le commissariat du peuple à l'éducation lui confie la direction d'un grand programme d'enquêtes ethnographiques. Il devient en 1925 directeur de *l'Institut des peuples du Nord*. Il fait procéder à un recensement des populations autochtones, ainsi qu'à une étude de leurs conditions de vie. Bien qu'il ait occupé des fonctions importantes dans le régime soviétique, Bogoras n'a jamais été un partisan déclaré des théories du matérialisme historique. Preuve que dans les régimes les plus totalitaires, il existe des yeux du cyclone…

En 1986, soit quelques années avant la disparition de l'Union soviétique, l'ouvrage de Jean Carbonnier, *Sociologie juridique*, est publié en russe : la sociologie n'est donc plus une discipline coupable. À partir des années 1990, l'anthropologie juridique devient une discipline de recherche scientifique et d'enseignement à part entière : elle est désormais enseignée dans une vingtaine d'universités. Outre qu'elle bénéficie d'une longue tradition de recherche, l'anthropologie juridique russe se fonde aussi sur l'existence et la reconnaissance officielle de cultures juridiques différentes à l'intérieur de l'État russe. En mai 1999 se tient près de Moscou la première école d'été d'anthropologie juridique : on note parmi les thèmes les plus abordés les systèmes de droit coutumier, leur interaction avec le droit positif, la discussion sur les perspectives de recherche académique dans le domaine du pluralisme juridique. Les écoles d'été suivantes ont été organisées par l'Association des peuples du Nord et l'Institut des peuples du nord de Saint-Pétersbourg. En effet, comme une vingtaine d'années auparavant en Amérique du Nord, on se trouve confronté au problème de la protection des peuples autochtones de Sibérie par rapport à l'exploitation des ressources pétrolières et gazières.

On peut également noter la création en décembre 1999 du *Centre de protection des droits des peuples indigènes*. Il regroupe de nombreuses personnalités (juristes, écologistes, représentants des associations des peuples du Nord) et met en œuvre des programmes d'éducation juridique des militants des ONG, des manuels pratiques d'expéditions sur le terrain.

Il s'agit donc d'une anthropologie juridique engagée, dont les préoccupations sont inspirées par la nécessité d'une étroite liaison entre les chercheurs et le terrain. Comme l'écrit à juste titre Anatoly Kovler, on retrouve à cet égard :

« *les idées et les traditions militantes des* narodnicki *(populistes) russes du XIXe siècle qui animaient l'œuvre de Maxime Kovalevski, de Vladimir Bogoras ou de Nicolaï Mikloukho-Maklai. Le cercle du temps se répète.* »[38]

L'anthropologie juridique russe et soviétique a donc bénéficié de l'occurrence historique représentée par la diversité juridique des peuples de la Russie et de l'URSS. De surcroît, cette diversité juridique était reconnue et les théories du pluralisme juridique étaient devenues sinon banales, du moins habituelles.

Tel n'est pas le cas en France[39]. Comme on le sait, pour dire les choses de manière lapidaire, en France les minorités et des peuples autochtones n'existent pas. Le chercheur doit donc recourir à des sophistications et à des analyses quand il essaye d'étudier les problèmes de l'outre-mer français, comme le font un certain nombre d'entre nous : Jean-Yves Faberon[40] et Antoine Leca[41], Régis Lafargue pour la Nouvelle-Calédonie, Alain Moyrand et Bruno Saura pour la Polynésie, Laurent Sermet à

---

38 Anatoly Kovler, *op. cit.*, p. 26.

39 Cf. Norbert Rouland, « Enseigner l'anthropologie juridique en Russie et en France : une approche comparative », communication au colloque de Nice : L'avenir de la France et de la Russie dans le monde contemporain. Le dialogue des sociétés civiles : les enjeux pour l'enseignement supérieur, la science l'économie et le développement territorial, organisé par l'Université russe de l'amitié entre les peuples et l'Université de Nice Sophia-Antipolis, Nice,3 et 4 mai 2018, à paraître dans les actes du colloque.

40 Cf. Jean-Yves Faberon, « L'identité kanak de la Nouvelle Calédonie en droit »in Paul de Deckker et Jean-Yves Faberon (dir.), *La Nouvelle-Calédonie pour l'intégration mélanésienne*, Paris, l'Harmattan, 2008, p. 137-150.

41 Cf. Antoine Leca, *Introduction au droit civil coutumier kanak*, Presses universitaires d'Aix-Marseille, (Collection Droit d'outre-mer), 2018 (3ème édition), 238 p.

l'Université de La Réunion[42], pour ne citer que les juristes de souche.

Cependant, certains anthropologues « littéraires » sont allés chasser dans les territoires du droit. Citons par exemple Bruno Latour, philosophe et ethnologue, qui a étudié le Conseil d'État[43], Irène Bellier et Marc Abélès, qui ont enquêté au sein de la Commission européenne pour étudier comment des représentants de différentes nations européennes préparent les lois communautaires[44].

Notons enfin, et ce n'est pas le moindre, que des enquêtes sociologiques peuvent être effectuées à l'occasion de certaines lois : il en fut ainsi avant la grande réforme des régimes matrimoniaux des années soixante conduite par Jean Carbonnier ; on pense aussi à des lois particulièrement sensibles (dépénalisation de l'avortement) soumises à une période d'essai.

Voilà pour les considérations d'ordre général. Passons maintenant à mes expériences personnelles en n'omettant pas les échecs.

C. Mes propres expériences

J'ai employé le terme d' « expériences » et non de terrains, n'en ayant pas fait suffisamment, sauf au Nouveau-Québec. Je le regrette, mais à l'époque (et toujours à l'époque actuelle) il était

[42] Cf. Laurent Sermet, *Une anthropologie juridique des droits de l'homme : les chemins de l'Océan Indien*, Paris, éditions des archives contemporaines, 2009, 266 p.

[43] Bruno Latour, *La fabrique du droit : une ethnographie du Conseil d'État*, Paris, La découverte, 2004, 319 p.

[44] Cf. Irène Bellier, « Une ethnologue chez les fonctionnaires européens », *Sciences Humaines*, *op. cit.*, p. 32- 33 ; « Une approche anthropologique de la culture des institutions » in Marc Abélès et Irène Bellier, *Anthropologie du politique*, Paris, Armand Colin, 1996 ; Irène Bellier, « La Commission européenne : du compromis culturel à la culture politique du compromis », *Revue française de science politique*, vol. 46, n° 3, 1996.

impossible *en France* à un thésard juriste de faire une expérience de terrain prolongée. Il perdrait toute chance d'accéder un jour à la carrière universitaire. C'est la dure loi des découpages académiques et du mépris de la plupart des juristes pour les sciences sociales. En revanche, j'ai fait de mon mieux pour faire connaître l'anthropologie juridique française un peu partout dans le monde. Les traductions de mes livres en diverses langues étrangères, dont le portugais, me font croire que j'y ai quelque peu réussi.

Sans chercher à investiguer en des zones trop profondes, je crois avoir toujours eu l'esprit curieux. J'ai aimé, j'aime toujours l'exotique, qui n'est pas devenu quotidien. Cet exotique se situa d'abord pour moi dans l'Arctique. Par la suite, l'anthropologie juridique me permit de nombreux contacts avec d'autres cultures. Ce ne furent pas des enquêtes de terrain, mais ce sont quand même des terrains qui m'apportaient beaucoup, car ils modifiaient mes idées. Parmi eux, la Russie et l'Ukraine. Je parlerai donc d'abord de l'Arctique, plus précisément du Groenland et du Nouveau-Québec (l'Arctique québécois), puis j'en viendrai à d'autres pays.

Très tôt, j'ai ressenti l'appel du Nord. Mes parents, des juristes passionnés de grands espaces, effectuaient de fréquents voyages en Laponie, plutôt rares dans les années cinquante. Par la suite, je dévorais les ouvrages de Paul-Émile Victor et, comme toute une génération, je fus très marqué par la lecture des *Derniers rois de Thulé*, de Jean Malaurie. J'ai un peu connu Paul-Émile Victor, mais cette rencontre n'a pas beaucoup compté, car c'était à la fin de sa vie. En revanche, la rencontre avec Jean Malaurie, avec ses heurs et malheurs, fut extrêmement importante pour moi.

En effet, j'étais tombé amoureux du Groenland, où je suis retourné en juin 2017 et ai pu constater l'ampleur du réchauffement climatique. Plus précisément de ses paysages. L'attirance vers l'Arctique fut d'abord pour moi d'ordre esthétique. Les hommes comptaient peu. Je me débrouillai donc pour partir en solitaire au Groenland en 1971. Mais il fallait trouver de l'argent et un étudiant en dispose de peu. Par la lecture du *Guide bleu* sur le Groenland, j'appris l'existence à Paris d'un

Centre d'études arctiques, dirigé par Jean Malaurie, Directeur d'études à *l'École des hautes études en sciences sociales*. Sur le plan universitaire, j'étais en train de faire ma thèse de droit romain. En contactant Jean Malaurie, j'avais l'idée qu'il allait pouvoir me permettre de participer à une de ces grandes expéditions dont j'avais dévoré les récits. Jean Malaurie n'était pas familier du droit, mais il comprit intuitivement que l'approche juridique était importante. Il me confia donc un séminaire au Centre d'études arctiques, que j'assurais tant bien que mal tous les lundis, en n'en disant mot à la Faculté de droit d'Aix, sur laquelle régnait le constitutionnaliste Louis Favoreu pour lequel une anthropologie du droit était inconcevable.

Il ne suffit pas d'avoir envie de voyager pour partir en mission : il faut aussi trouver le financement. Nous étions en 1976. Lors d'un de mes séjours parisiens, Jean Malaurie me dit à peu près : « *Un traité vient d'être signé entre le Québec et ses peuples autochtones. Allez-y voir* ».

S'il me donna plus de précisions, je ne m'en souviens pas… en tout cas, il m'obtint le financement pour un séjour de deux mois au Canada, un pays que je ne connaissais pratiquement pas. C'était d'autant plus une aubaine que je venais de perdre ma mère dans des circonstances dramatiques : je voulais m'arracher au malheur. Je partis donc, dans la méconnaissance quasi-totale de ce que pouvait être une enquête sur le terrain. Arrivé au Québec, je rencontrais diverses personnalités impliquées dans l'élaboration et la signature de la Convention de la baie James et du Nord québécois, en 1975. Je fus frappé par la facilité de ces contacts : moi qui n'étais qu'un modeste assistant, je fus reçu sans plus de formalités par Y. Bérubé, le ministre du nouveau gouvernement québécois (le Parti Québécois, indépendantiste, qui venait d'arriver au pouvoir) chargé des dossiers autochtones. Mes interlocuteurs me conseillèrent fortement de partir dans le Nouveau-Québec pour interroger les différents protagonistes à la signature du traité : toutes les communautés *Inuit* n'étaient pas d'accord avec cette Convention. On les nommait « dissidents ». Ce fut à eux que je m'intéressais plus particulièrement. Muni de quelques adresses, je pris donc des petits avions et m'arrêtai dans différents villages le long du détroit et de la baie d'Hudson. Il faisait moins trente et j'étais heureux.

Je logeais chez l'habitant. Je me heurtais immédiatement au problème de la langue : je ne connaissais que quelques mots d'*inuktitut*. Je passais donc par le relais d'informateurs, largement partisans des dissidents. Ils suscitaient des réunions dans lesquelles les villageois prenaient la parole. Un détail pittoresque : à cet âge, j'étais figé par la peur de l'avion. Comme j'avais compris que ma passion des voyages devait surmonter cette phobie, je me contraignais, mais à grand-peine. Je me souviens d'un soir où le temps était particulièrement mauvais : c'était la tempête, la visibilité était nulle. Je m'endormis apaisé, certain que l'avion du lendemain ne décollerait pas. Il décolla et le vol fut sans incident.

Au terme de cette pérégrination, je disposais d'un dossier que je confrontais avec les aspects purement juridiques du problème que j'avais appris à connaître par des entretiens avec les constitutionnalistes québécois, qui m'avaient toujours reçu avec une grande gentillesse (je pense en particulier à Henri Brun). De retour en France, j'écrivis très rapidement un ouvrage sur la Convention, qui fut publié au Québec et qui eut un certain succès dans les cercles universitaires[45]. Il avait l'avantage d'être le premier, et surtout, j'avais bénéficié d'une position avantageuse. Étant français, je n'étais pas partie au problème : je pouvais donc faire figure d'observateur *a priori* impartial, même si j'avais en fait des inclinations pour le parti des dissidents. Ils reprochaient à l'Entente d'avoir fait trop de concessions au détriment des autochtones dans les grands projets de harnachement des fleuves de la région, aux fins de production hydroélectrique.

Jean Malaurie ne se joignit pas à cet accueil favorable :il me reprocha de n'avoir pas suffisamment tenu compte du point de vue des autochtones. Reproche injustifié, mais qui s'explique par le fait que nos relations s'étaient dégradées.

---

[45] Cf. Norbert Rouland, *Les Inuit du nouveau Québec et la Convention de la baie James*, Association Inuksiutiit Katimajiit et Centre d'études Nordiques, Université Laval, Québec, 1978.

Pour faire bref[46], Jean Malaurie m'avait dit qu'il avait besoin d' « *un brillant second* » et me proposait d'appuyer ma candidature à un poste de Maître de conférences à l'École des hautes études. Proposition tentante, d'autant plus que mes patrons aixois, ayant pris part aux événements de mai 68 aux côtés des étudiants, n'étaient pas en odeur de sainteté au regard de l'autorité constitutionnelle à la Faculté de droit d'Aix-en-Provence…

Comme je n'ai jamais eu de tentation pour le pouvoir, qui me paraît impliquer plus de désagréments que d'avantages et demande certains dons, ce n'est pas l'idée d'être un second qui me déplaisait, mais le fait que je n'aurais sans doute plus de liberté d'action. Et là, c'était un obstacle prohibitif… ce fut en tout cas entre nous un malentendu fondamental et je décidais de m'éloigner. Il faut dire que quelques mois auparavant, j'avais enfin participé à une expédition au Groenland au côté de Jean Malaurie, et je ne pense pas que mes talents d'enquêteur lui aient paru évidents.

La chaîne de télévision Antenne 2 avait commandé à Jean Malaurie une vaste fresque sur les *Inuit* dans l'ensemble du monde arctique[47]. Il restait à effectuer le tournage au Groenland. Je demandais donc à Jean Malaurie si je pouvais me joindre à l'équipe. Il accepta sans trop de difficultés, pensant à juste titre que ce serait pour moi une occasion de jouer les petites mains. Le tournage eut donc lieu, et ce fut une expérience passionnante. Dans la baie de Disko, nous avions prévu de prendre des hélicoptères pour nous déplacer sur d'assez grandes distances. Malheureusement, nous étions tombés sur la première grève des pilotes d'hélicoptères du Groenland. Il fallut donc louer un petit chalutier. Le commandant paraissait passablement éméché, mais Malaurie le jugea capable de comprendre que nous souhaitions louer son bateau pour quelques jours. Au petit matin, nous embarquions donc, sans rencontrer le capitaine. Nous pensions

---

[46] Pour plus de détails, Cf. Norbert Rouland et Jean Benoist, *Voyages aux confins du droit : entretiens*, Aix-en-Provence, Presses universitaires d'Aix-Marseille, 2012, p. 94.
[47] Jean Malaurie, *La saga des Inuit*, deux DVD, INA, 2002 et 2007.

qu'il était déjà au poste de commandement. Au bout du premier jour, la température fraîchit et la mer se creusa. Loin de se calmer, elle devint de plus en plus agitée au fil des heures et nous étions secoués de très vilaine manière. Je voyais que Malaurie cherchait en vain le capitaine : celui-ci était resté à terre, confiant notre radeau de la Méduse à son plus jeune fils, un adolescent qui ne semblait plus guère avoir le contrôle des opérations. Il voulait rentrer. Mais Malaurie s'y opposa avec une fermeté dont j'étais tout à fait hors d'état de juger si elle était raisonnable ou non. En fait, j'étais terrassé par le mal de mer. Avec mes petits camarades de la télévision, nous gisions à fond de cale, espérant que la tourmente allait se calmer. Elle dura bien quarante-huit heures et je dois rendre hommage au courage physique de Jean Malaurie. Sur une dizaine de personnes occupant le petit bateau, il était le plus actif et la suite des opérations montra qu'il avait raison de persévérer, puisque nous finîmes par aborder au fond d'un petit fjord encombré de glaces. Nous allions y séjourner plusieurs jours, nous mêlant aux habitants du village qui me surnommèrent *Noukapiak*, « *le jeune homme seul* ». J'étais indiciblement heureux : quel ouvrage de droit romain aurait pu ainsi me transporter au-delà de moi-même ? Sans but précis, j'accompagnais Malaurie et assistais aux entretiens qu'il avait avec différentes personnalités ou des simples villageois.

Un autre souvenir est demeuré très marquant. Nous étions toujours sur ce petit chalutier, mais la mer était redevenue calme. Sous le grand bleu du ciel, nous descendions le long des côtes du Groenland, passant au large d'un petit village, au nord d'Ilulissat, Oqaatsuk. Malaurie me dit : « *Rouland, vous êtes un homme du livre. Il faut que vous alliez passer un an dans un petit village comme celui-ci. Vous en reviendriez changé* ». Il avait raison, et c'est un des grands regrets de ma vie de n'avoir pas suivi son conseil. Mais qui aurait admis à la Faculté de droit d'Aix-en-Provence qu'un assistant, au statut précaire, parte pour un an au Groenland ? C'était un suicide universitaire assuré, d'autant plus que l'ambiance aixoise était au degré de tolérance zéro.

Ce fut un second malentendu avec Jean Malaurie, qui ne fit qu'empirer la situation.

Dans les années qui suivirent, je n'eu donc plus d'occasion de me rendre dans l'Arctique et mes relations avec Jean Malaurie ne reprirent que de façon épisodique. Après la désintégration de l'Union soviétique, fort de ce qu'il croyait être l'appui de Boris Eltsine, il créa à Saint-Pétersbourg l'Académie polaire, un Institut de formation pour les cadres autochtones, qui existe toujours. J'y enseignais au cours d'une mission, mais cela ne déboucha sur rien de significatif. Quoi qu'il en soit, Jean Malaurie avait eu le mérite de souligner depuis longtemps l'importance du travail des anthropologues russes dans les régions arctiques. À l'époque, c'était très innovateur de le dire et peu le comprenaient.

En fin de compte, que m'avaient apporté ces quelques années ? Tout d'abord, et c'est fondamental, le recentrage de mon intérêt. Toujours épris de la transcendantale beauté des paysages arctiques, je m'intéressais maintenant aux hommes et aux hommes du présent. Sans trop le savoir, je faisais de l'anthropologie juridique engagée, ce qui allait déboucher bien plus tard sur la rédaction d'un manuel de *Droit des minorités et des peuples autochtones*[48], à l'inverse de la tradition française, puisqu'en France, les autochtones et les minorités n'existent juridiquement pas. Mais parallèlement, j'avais appris l'existence d'une discipline qu'on nommait alors l'ethnologie juridique, et j'en rédigeais le premier manuel francophone en essayant d'adapter la discipline aux évolutions récentes, qui mettaient dans le champ de l'anthropologie non seulement les sociétés traditionnelles, mais aussi les sociétés modernes[49]. En même temps, la découverte de l'anthropologie juridique m'attirait à la rencontre d'autres droits : c'est cette approche historique et comparative qui m'amena à rédiger un manuel d'*Introduction*

---

[48] Norbert Rouland avec Stéphane Pierré-Caps et Jacques Poumarède, *Droit des minorités et des peuples autochtones*, *op. cit.*, 1996, 581 p. Cet ouvrage a été traduit en plusieurs langues.

[49] Norbert Rouland, *Anthropologie juridique*, Paris, Presses universitaires de France, 1988, 496 p., traduit notamment en russe et en chinois.

historique au droit, où il était aussi tenu compte des systèmes juridiques différents du nôtre[50].

Autre leçon : le poids déterminant des traditions académiques, conjugué à des traditions universitaires néfastes. On peut comprendre que l'enquête sur le terrain paraisse étrange à des juristes. Cela d'autant plus que la tradition française favorise un enseignement abstrait des normes juridiques. Il existe bien des cours qui envisagent la norme en situation concrète, comme la science administrative, la science politique, la criminologie, mais ces enseignements sont très minoritaires et en général peu valorisés, notamment dans les concours de recrutement.

Mais il est d'autres traditions universitaires, beaucoup moins légitimes : celles qui consistent à introduire des rapports de force dans des débats qui devraient rester ouverts. La rigidité de l'administration universitaire, qui avait des causes qu'il faut bien appeler politiques, m'empêcha de tenter l'aventure du véritable terrain. Le chômage aurait été à la clé. La nature des personnalités compte beaucoup, évidemment. J'ai eu des rapports d'amitié avec un autre constitutionnaliste aixois, le Recteur Michel-Henry Fabre : nous n'avions pas les mêmes idées, mais nous nous estimions réciproquement et discutions amicalement. Et parmi les historiens du droit, j'ai toujours été soutenu par Jean-Louis Harouel, alors que nos options politiques ne sont sans doute pas communes. La tolérance et l'ouverture d'esprit sont probablement parmi les qualités humaines les moins partagées dans l'université…

Plus largement, les difficultés que je rencontrais dans la conjugaison de l'anthropologie et du droit me semblent montrer combien le *credo* de l'interdisciplinarité appartient aux grandes idées qui reçoivent un *consensus* à peu près général, mais ont beaucoup de mal à entrer dans la pratique quand elles remettent en question les frontières territoriales auxquelles nous sommes habitués.

---

[50] Norbert Rouland, *Introduction historique au droit*, Paris, Presses universitaires de France, 1998, 722 p. (l'ouvrage a été traduit en russe).

Des institutions existent heureusement qui permettent de les transcender. C'est ainsi qu'en 1999, je fus recruté à l'Institut Universitaire de France où je créais la première chaire d'anthropologie juridique. Parallèlement, la même année, sur la suggestion de Michel Alliot, je créais l'Association française d'anthropologie du droit, qui s'adressait non seulement aux juristes, mais aux « littéraires ». Son premier colloque eut lieu à Paris et porta sur l'image du juge dans les différentes cultures[51]. Il permit notamment la venue de collègues russes[52], à cette époque une innovation. Mais une quinzaine d'années plus tard, l'AFAD disparaissait, faute d'énergies suffisantes pour animer ce mouvement : ce fut donc en fin de compte un échec. Je n'étais notamment pas parvenu à recruter suffisamment en dehors du milieu du droit.

J'avais de plus été défavorisé par un contexte local (à la Faculté de droit d'Aix-en-Provence) guère propice aux sorties extraterritoriales. Les différences de personnalité comptent certainement.

À l'inverse d'autres collègues, Louis Favoreu n'entendait pas discuter avec ceux qu'il considérait comme inférieurs (ainsi me jugeait-il) et ne connaissait pas les positions médianes : on était avec lui ou contre lui ; le droit possédait une virginité (une spécificité) qu'il fallait à tout prix préserver, dans la tradition kelsenienne. Compte tenu de ces divers facteurs, j'aurais peut-être dû passer avec armes et bagages du côté des anthropologues, ce que me proposa d'ailleurs de faire mon ami Jean Benoist, un médecin de l'Institut Pasteur venu à l'anthropologie et enseignant

---

[51] Claude Bontems (dir.), *Le juge : une figure d'autorité*, Actes du premier colloque organisé par l'Association française d'anthropologie du droit, Paris, 24-26 novembre 1994, Paris, l'Harmattan, 1996, 685 p.

[52] Anatoly Kovler (Institut de l'État et du droit), *D'où le juge russe puisse-t-il son autorité ?* ; Ludmila Lapteva (Institut de l'État et du droit), *Le portrait culturel du juge russe* ; V.G. Grafskil (Académie des sciences de Russie), *La justice et la culture juridique vue par les yeux des radicaux russes du XIXe siècle* ; Jaroslav Klimov, *Le juge russe et le droit international* ; V.S. Nersessiants (Académie des sciences de Russie) *Les initiatives prises en vue d'instaurer le pouvoir juridictionnel en Russie post-totalitaire* ; Roman Enkov, La situation juridique du juge Russie ; N.N. Efremova (Institut de l'État et du droit), *La justice et la tradition dans l'histoire de la Russie.*

dans notre université. Je n'ai pas suivi ce conseil et j'ai peut-être eu tort. Je pensais qu'il fallait investir de l'intérieur la citadelle juridique…

Mais revenons aux années quatre-vingt.

Je quittais donc l'Arctique, mais l'anthropologie juridique allait me permettre de parcourir le monde, à l'invitation de diverses universités étrangères. Du tourisme universitaire ? Pas seulement. À défaut d'effectuer de véritables enquêtes sur le terrain, j'ai pris contact avec d'autres cultures, ce qui a enrichi ma vie personnelle et intellectuelle.

Pendant la trentaine d'années qui a suivi, j'ai donc beaucoup voyagé, à la demande d'universités étrangères curieuses de connaître cette discipline.

Après ma dette initiale au Québec[53], je revins peu souvent en Amérique du Nord : l'anthropologie juridique y est une discipline relativement bien connue, ce qui n'était pas le cas ailleurs.

J'ai été particulièrement marqué par mes voyages dans les pays musulmans, ainsi qu'en Russie.

Je fus toujours fort bien accueilli dans les pays musulmans, qui ne démentirent pas leur tradition d'hospitalité. À commencer par le pays qui regroupe le plus de musulmans au monde : l'Indonésie. Je nouais des relations privilégiées avec un grand anthropologue du droit indonésien, le professeur Mohamed Koesnoe, aujourd'hui disparu. Je l'ai invité plusieurs fois à Aix-en-Provence, et visité avec lui Java, Sumatra et Bali. C'était un musulman pieux, mais d'une grande tolérance. Je me souviens en particulier d'une de nos conversations, qui portait sur la religion. Quel sort connaîtrais-je après ma mort, puisque j'avais été élevé dans la religion chrétienne et que lui croyait à l'islam ? Il me répondit avec un bon sourire qu'il espérait que sa trajectoire vers Dieu serait la plus courte possible, alors que la mienne serait seulement un peu plus sinueuse.

---

[53] J'ai été Professeur invité à l'Université Mc Gill en janvier 2017.

J'ai eu aussi la chance de pouvoir effectuer plusieurs missions en Iran, dans une période d'ouverture, celle de la présidence de l'ayatollah Khatami. Je faisais mes cours dans des amphithéâtres où la répartition entre les sexes était stricte : à gauche les étudiantes, habillées en noir des pieds à la tête ; à droite, les étudiants. Après chaque cours, je descendais de la chaire et invitais le public à venir me poser des questions. C'était toujours les filles qui venaient en premier et que leurs questions étaient souvent d'une grande pertinence. Mon *Que Sais-je ?* sur l'anthropologie juridique fut traduit en persan.

Plus récemment, j'ai été invité plusieurs fois au Maroc à la Faculté de droit de Fès, par un jeune collègue privatiste, le professeur Fouzi Rherrousse. Très attiré par l'approche historique et anthropologique du droit, il me fit part de ses idées sur la nécessité de la rénovation de l'enseignement de l'histoire du droit au Maroc[54].

Mes contacts avec la Russie ont commencé après la disparition de l'Union soviétique, même si j'y étais allé plusieurs fois auparavant en voyages purement touristiques. Comme je l'ai écrit plus haut, à l'occasion du premier colloque international de l'Association française d'anthropologie du droit, j'ai pu faire inviter des collègues russes. Parmi eux, le professeur Vladik Nercessiants, de l'Institut de l'État et du droit de Moscou, un spécialiste renommé de l'histoire des idées politiques. Celui-ci était intéressé par l'anthropologie juridique et il conseilla à un autre collègue russe, de ma génération, le professeur Anatoly Kovler, qui fut pendant treize ans juge à la Cour européenne des droits de l'homme, de traduire en russe deux de mes ouvrages : *l'Anthropologie juridique* et *l'Introduction historique au droit*[55]. L'enseignement des matières critiques du droit est beaucoup plus développé en Russie qu'en France, tout particulièrement l'anthropologie juridique, enseignée dans une vingtaine d'universités. Elle a donné lieu à la rédaction de plusieurs

[54] Il a entrepris la traduction en arabe de mon *Anthropologie juridique*.

[55] L'*Anthropologie juridique* a été publiée en 1999 par les éditions Nota Bene ; l'*Introduction historique au droit* en 2005 par ces mêmes éditions. *Voyages aux confins du droit* est en cours de traduction par l'historien du droit russe Vassili Tokarev (Université d'État de Samara).

manuels, malheureusement non traduits en anglais ou français à ce jour : Anatoly Kovler, *Anthropologie du droit*, Norma, Moscou, 2002 ; Lion Kubel, *Essai d'ethnographie politique*, Moscou, 1988 ; V.V. Botcharov, *Anthropologie de la puissance*, deux volumes, Moscou, 2006 ; N.N. Kradin, *Anthropologie politique*, Moscou, 2004.

Dans les vingt années qui suivirent, j'ai noué des relations avec les collègues de Saint-Pétersbourg et de Moscou (Universités Lomonossov et de l'Amitié entre les peuples), relations toujours bien vivantes (Mikhail Antonov, Serguei Akopov, A. Kovler), ainsi que de Samara (Vassili Tokarev) et de Krasnoiarsk (Drobishevski, Irina Michina, Novossibirsk (Michéle Debrenne), Arkhangelsk (Kukarenko), Yalta et Simferopol (Podsolonko, Guzman). J'ai pu aussi nouer des liens avec des collègues ukrainiens, de l'Université de Kharkov. Est-il nécessaire de préciser que dans le contexte des relations entre l'Ukraine et la Russie, il est passionnant d'entendre des points de vue venant de chacun de ces deux pays ? Je me souviens d'une visite assez émouvante de la place Maidan, à Kiev, au printemps 2014. De mes voyages en Russie, je garde beaucoup de souvenirs, mais plus particulièrement celui d'un constat. Le système soviétique avait quand même des aspects positifs. En particulier, celui de l'éducation : le niveau culturel moyen russe est incomparablement plus élevé que le niveau français. Le simple citoyen russe connaît mieux la culture française que beaucoup de Français...

Je fus aussi invité quelque fois en Chine, notamment après les événements de la place Tienanmen. Les universités de Pékin qui devaient me recevoir m'avaient demandé de leur fournir une liste des thèmes de conférence possibles. Par provocation, j'avais inscrit la question des droits de l'homme. Quelle ne fut pas ma surprise en constatant que toutes les universités avaient choisi ce thème... il s'en suivit donc des discussions passionnantes, et l'occasion pour moi de prendre connaissance de toute une littérature chinoise sur la question, dont j'ai essayé de rendre compte en 1998[56]. Le Professeur Liu Phi a terminé une traduction en chinois de mon manuel d'anthropologie juridique, qui paraîtra en 2018 chez un éditeur de Beijing, *Commercial Press*.

Au Brésil en août 2016, j'ai donné une série de conférences à Maceio, Joao Pessoa, Belo Horizonte et Sao Paulo.

À l'heure actuelle, c'est avec le Brésil, la Russie et le Maroc que mes liens sont les plus forts.

En ce qui concerne la recherche, je m'intéresse depuis une dizaine d'années à l'histoire de la condition féminine, plus spécialement au rôle qu'ont joué les femmes dans les mouvements artistiques européens[57]. C'est dire que les diverses théories du *gender* sont pour moi l'objet de beaucoup de réflexion.

---

[56] Cf. Norbert Rouland, « La doctrine juridique chinoise et les droits de l'homme », *Revue universelle des droits de l'homme*, 10, 1-2, 1998, p. 1-26.
[57] Cf. Norbert Rouland, *À la découverte des femmes artistes : une histoire de genre*, Aix-en-Provence, Presses universitaires d'Aix-Marseille, 2016, 433 p.

Conclusion

On aura compris que le Brésil et la France ont bien des points communs. Quant aux lignes terminales, elles sont un récit de vie. Une conclusion est donc difficile. Comme l'a écrit Jean Malaurie, la mort transforme une vie en destin.

En satisfaisant mon besoin inné de curiosité, l'anthropologie m'aura appris le sens du relatif, ce qui est aussi une leçon de l'histoire. L'histoire et l'anthropologie conduisent rarement à des certitudes : Paul Valéry l'avait dit à propos de l'histoire ; Lévi-Strauss le répétera pour l'anthropologie. Mais dans un monde où l'information est de plus en plus interconnectée, elles donnent des idées et parfois des émerveillements. Faut-il demander davantage ?

Probablement oui et notamment l'interdisciplinarité qui tend aujourd'hui à devenir un mot creux au nom de l'efficacité. Dans la pratique, beaucoup de collègues préfèrent rester dans le port qu'aller au large. Et la méconnaissance des langues étrangères, trait distinctif des Français, n'arrange pas les choses. Les difficultés que j'ai pu rencontrer montrent qu'il n'est pas toujours facile de se situer aux confins[58]. Mais la position de minoritaire n'a pas que des inconvénients : elle permet aussi de revendiquer une certaine originalité. Encore faut-il avoir de la chance. Il ne suffit pas d'avoir de bonnes idées, il faut les avoir au bon moment. Les années post-mai 68 ont permis des audaces devant lesquelles on reculerait maintenant...

Au cours de mes déplacements à l'étranger, notamment en Russie, Chine et Iran, on m'a souvent demandé de parler des droits de l'homme. Ce sujet a été depuis longtemps abordé d'une manière critique à la fois par Karl Marx, et les auteurs européens contre-révolutionnaires à la fin du XVIIIe siècle. Ce thème fait en effet l'objet de réflexions de plus en plus fréquentes sur leur possibilité, ce qui sera l'objet du chapitre suivant.

---

[58] Norbert Rouland, *Aux confins du droit*, *op. cit.*

Chapitre II

Les droits de l'homme sont-ils une illusion ?

« Pourquoi le feu brûle-t-il à l'identique en Perse et en Grèce et pourquoi les normes sont-elles diverses ? »

Aristote, *Éthique à Nicomaque, V, 10, 11 34 b.*

La notion de droits de l'homme universels est d'apparition récente et rien ne garantit qu'elle soit durable. Elle souffre de beaucoup d'incertitudes à la fois dans ses fondements et ses contenus. Ses faiblesses ont été critiquées dès son apparition et continuent de l'être actuellement. Certaines de ces critiques sont à prendre en considération. L'anthropologie juridique peut aider à la construction d'un noyau commun des droits de l'homme par un dialogue interculturel, comme le recommandent notamment des juristes français et brésiliens.

Nous examinerons ces problèmes en quatre sections.

Section I : Pour une approche transculturelle des droits de l'homme : convergences franco-brésiliennes.

Section II : Les incertitudes des fondements des droits de l'homme.

Section III : Les incertitudes des définitions des droits de l'homme.

Section IV : Les réfutations des droits de l'homme.

Section I
Pour une approche transculturelle des droits de l'homme[59] : convergences franco-brésiliennes

Que signifie la « sur-déclaration » des droits de l'homme ? L'historien du droit sait bien que la répétition des textes signifie en général qu'ils sont peu ou pas appliqués. On sait aussi que c'est le cas des droits de l'homme, dans et hors de l'Occident. La France elle-même est régulièrement condamnée par la Cour de Strasbourg, à l'heure actuelle le meilleur organe judiciaire contrôlant l'applicabilité des droits de l'homme. Au début du XXIe siècle, il ne s'agit plus, comme en 1789, de définir dans un État des droits à vocation universelle, mais de parvenir à leur application, et cela dans le contexte de cultures, de religions et de traditions millénaires. Autant dire que le problème a changé d'échelle… En Europe, la généralisation des droits de l'homme, entre 1789 et 1950, a pris près de deux siècles. Que va-t-il en être pour le monde entier ? S'il y a urgence, elle ne peut être que raisonnée.

Par ailleurs, une diffusion planétaire des droits de l'homme ne peut être freinée que par leur instrumentalisation. Beaucoup d'expéditions militaires ont pris pour prétexte les droits de l'homme, et même ceux de la femme. À ce compte, pourquoi n'intervient-on pas en Corée du Nord, au Tibet ou en Arabie Saoudite ? Il s'agit là de fausses monnaies des droits de l'homme.

Il faut s'y résoudre : la question des droits de l'homme ne peut être tranchée ni dans le sens d'un universalisme synonyme d'uniformité ni dans l'affirmation d'un droit absolu à la différence. Cette tension dialectique me semble traverser tout le débat actuel sur les droits de l'homme.

Il y a un demi-siècle, Claude Lévi-Strauss avait déjà affirmé : « *Les grandes déclarations des droits de l'homme ont, elles aussi, cette force et cette faiblesse d'énoncer un idéal trop souvent*

---

59 Cf. Laurent Sermet, *Une anthropologie juridique des droits de l'homme, op. cit.*, p. 235-253.

oublieux du fait que l'homme ne réalise pas sa nature dans une humanité abstraite, mais dans des cultures traditionnelles [...] *l'homme moderne s'est livré à cent spéculations* [...] *pour rendre compte de la diversité des cultures tout en cherchant à supprimer ce qu'elle conserve pour lui de scandaleux et de choquant.* »[60]

Le philosophe définit des principes généraux. Le juriste précise leur contenu et les conditions de leur amplification. L'anthropologue les inscrit dans un ou des contextes culturels. Pour ce dernier, il faut partir de l'observation des cultures *in concreto*. Certains juristes, brésiliens et français, s'inspirent de cette démarche et essaient de construire un droit commun des droits de l'homme.

À la charnière des vingtième et vingt et unième siècles, Mireille Delmas-Marty, dans la quête d'un droit commun, a essayé non pas d'unifier, mais de rapprocher les systèmes juridiques[61]. Elle identifie les droits de l'homme, les crimes contre l'humanité, les biens communs comme des commencements de preuve de l'émergence d'un droit mondial.

Moi-même, en 1998[62], je proposais de dépasser les différences sans les nier, cela en recherchant une harmonisation plutôt que l'alignement sur un modèle dominant. Le sinologue François Jullien affirmait d'ailleurs que les Chinois pouvaient parfaitement comprendre les droits de l'homme, même si leur chemin était différent du nôtre. J'écrivais qu'il fallait rechercher des équivalences structurelles en prenant deux exemples : la Chine et l'Afrique.

Des auteurs chinois contemporains ont montré que la pensée de Confucius comprend des éléments équivalents à des traits fondamentaux des droits de l'homme moderne. La bienveillance, un devoir qui incombe avant tout à l'individu, dont la

---

[60] Claude Lévi-Strauss, *Race et Histoire*, Paris, éditions Gontier, 1961, p. 23.

[61] Cf. Mireille Delmas-Marty, *Pour un droit commun*, Paris, édition du Seuil, 1994, 305 p. ; *Le relatif et universel*, Paris, édition du Seuil, (Les forces imaginantes du droit), 2004, 439 p.

[62] Cf. Norbert Rouland, « La doctrine juridique chinoise et les droits de l'homme », *Revue universelle des droits de l'homme*, volume 10, n°s 1 et 2, p. 22-24.

signification originelle est « l'amour entre tous les hommes » correspondrait aux principes modernes de la dignité de la personne humaine, ainsi que peut-être à la fraternité. L'individu doit étendre ce devoir au maximum, ce qui donne à cette obligation un caractère universel. Vient ensuite la tolérance, qui correspond au pluralisme. La liberté de l'individu a pour borne celle des autres, ce qui correspond à l'article 4 de la Déclaration des droits de l'homme de 1789 et débouche sur la liberté d'expression, donc Confucius écrit qu'elle peut servir à la critique du gouvernement. Confucius cite ensuite la justice, qu'il place à un niveau supérieur à celui de la loi écrite. En découle un droit de résistance à l'oppression, relié à l'article 2 de la même Déclaration. Les auteurs concluent : « *Notre objectif est ici simplement de démontrer que le concept moderne des droits de l'homme n'est pas étranger à la terre chinoise. Cela s'oppose à l'argument selon lequel il existe un obstacle culturel au développement des droits de l'homme dans la société chinoise.* »

Cette approche tendrait à prouver que les droits de l'homme sont généralisables, sous certaines conditions. C'est aussi le sens des efforts entrepris par les doctrines française et brésilienne.

A. La construction d'un interdit commun : l'approche française

En 2011, Laurent Sermet pense possible, à partir du droit international des droits de l'homme, la construction d'un *droit de l'interdit commun.*

Certains droits sont indérogeables et donc à vocation véritablement universelle. Soit, selon l'interprétation de l'article 4 du Pacte international sur les droits civils et politiques : le droit à la vie, l'interdiction de la torture, l'interdiction de l'esclavage et de la servitude, de l'emprisonnement pour dettes, de la rétroactivité de la loi pénale ; les droits à la liberté de pensée, de conscience et de religion. L'article 6 du deuxième protocole facultatif de ce même pacte interdit la peine de mort. Certains droits peuvent être qualifiés de droits indérogeables dérivés (respect des personnes privées de liberté, interdiction de la prise d'otages, droit des minorités, interdiction de la déportation forcée, interdiction de la propagande de guerre). La Cour pénale internationale a en outre affirmé l'absolue indérogeabilité des crimes contre l'humanité et des génocides.

On remarquera que ne figure pas dans cette liste le droit à la diversité culturelle même s'il est postulé par de nombreux instruments internationaux concernant les minorités et les peuples autochtones. C'est ainsi que l'article 8 de la Déclaration des Nations Unies sur les droits des peuples autochtones, adoptée le 13 septembre 2007, dispose que : « *Les autochtones, peuples et individus, ont le droit de ne pas subir d'assimilation forcée ou de destruction de leur culture.* » L'article 27 du Pacte international sur les droits civils et politiques, du 16 décembre 1966, prévoit que les minorités ont droit à la préservation de leur langue, religion et culture.

La nécessité de la construction d'un interdit commun est évidente lorsqu'on constate que le droit à la diversité culturelle ne peut être absolu : l'excision est explicable, on ne peut pour autant la légitimer, pas plus que l'infanticide des filles, les sacrifices humains, etc.

Plusieurs instruments internationaux posent le principe du caractère relatif de la diversité culturelle.

L'article 4 de la Déclaration universelle de l'Unesco sur la diversité culturelle en date du 2 novembre 2000 dispose : « *La défense de la diversité culturelle est un impératif éthique, inséparable du respect de la dignité de la personne humaine. Elle implique l'engagement de respecter les droits de l'homme et des libertés fondamentales, en particulier les droits des personnes appartenant à des minorités et ceux des peuples autochtones. Nul ne peut invoquer la diversité culturelle pour porter atteinte aux droits de l'homme garantis par le droit international, ni pour en limiter la portée.* » La Déclaration de 2007 sur le droit des peuples autochtones, en son article 34, dispose que : « *Les peuples autochtones ont le droit de promouvoir, de développer et de conserver les structures institutionnelles et leurs coutumes, spiritualités, traditions, procédures ou pratiques particulières et, lorsqu'ils existent, leurs systèmes ou coutumes juridique, en conformité avec les normes internationales relatives aux droits de l'homme ».*

B. La construction d'un interdit commun : l'approche brésilienne

Dans un ouvrage de synthèse à paraître[63], *La construction du noyau commun des droits humains,* la juriste brésilienne V. Galvao s'inscrit dans ce courant ouvrant une troisième voie entre l'universel uniformisant et le particularisme de fermeture. Elle cite l'auteur canadien W. Kymlicka[64] qui met à juste titre l'accent sur les possibles dérives du multiculturalisme : il peut servir à la perpétuation des inégalités sociales ou de genre et à celle des traditions injustes. De plus, comme la notion juridique de coutume, les traditions et les cultures ne sont pas immuables, même et parce qu'elles s'inscrivent dans une histoire. Comme l'écrivait l'auteur français Rabaut Saint-Etienne pendant la Révolution : « *Notre histoire n'est pas notre Code* ».

Le noyau dur des droits de l'homme doit donc se construire à partir de la notion de commun, c'est-à-dire de la reconnaissance de ce qui est partagé. En 2008, un autre juriste brésilien, Fredys Sorto, avait précisé ce que serait un noyau essentiel des droits de l'homme[65].

À juste titre, Viviani Galvao note que ce noyau commun n'est pas qu'une hypothèse théorique. Il est construit sur nos yeux par

---

[63] Des extraits en sont déjà parus : cf. Vivianny Kelly Galvao, « Entre l'universalité des droits humains et le discours relativiste : un problème apparemment insoluble », *Revista Juridica da Residencia*, 2016, p. 509-530.

[64] Cf. W. Kimlicka, Multicultarismo liberal e direitos humanos in Daniel Sarmento, Daniela Ikawa, Flavia Piovesan (dir.), Igualdale, *Differença e direitos humanos*, Rio de Janeiro, Lumen Juris, 2008.

[65] Cf. Fredys Orlando Sorto, A declaraçau universal dos direitos humanos no sexagesimo aniversario, Verba Iuris: *Anuario de Pos-Graduaçaoemdireito*, Joao Pessoa, ano 7, n7, j an/dez 2008, p. 9-34.

les principaux traités de droit international qui, dans des conditions diverses, ont prééminence sur les droits nationaux.

Ce droit international a précisé les droits indérogeables cités par Laurent Sermet. Ce même droit international n'en protège pas moins le droit au respect des particularités culturelles, *dans certaines limites*. On peut citer :

- la Déclaration sur la Diversité culturelle de l'UNESCO de 2001, article 4 :

« *Nul ne peut invoquer la diversité culturelle pour enfreindre les droits garantis par le droit international, ni pour limiter son exercice* » ;

- la Déclaration des Droits des personnes appartenant aux minorités nationales ou ethniques, religieuses et linguistiques. *Les droits et devoirs reconnus dans cette Déclaration* (art. 8.2) *ne peuvent causer préjudice à la jouissance des droits humains et des libertés fondamentales universellement reconnus à toutes les personnes* ;

- la Convention des Droits des peuples indigènes de l'Organisation internationale du travail de 1989. *Le droit des peuples indigènes de maintenir leurs pratiques culturelles doit être respecté* (art. 8.2) *en ce qui ne serait pas incompatible avec les droits fondamentaux définis par le système légal national et avec les droits humains internationalement reconnus.*

V. Galvao conclut à juste titre que les droits des minorités et des peuples autochtones sont donc validés dans la mesure où ils étendent les droits humains, et rejetés dans la mesure où ils les restreignent.

Ce droit international s'insère à des degrés divers dans les droits nationaux.

L'article 4 de la Constitution brésilienne fédérale de 1988 pose le principe de la prééminence du droit international (autodétermination des peuples, égalité entre les États) sur le droit national. Les relations internationales sont donc constitutionnalisées.

Au Brésil, la Constitution fédérale de 1988 a garanti « *à tous le plein exercice des droits culturels et l'accès aux sources de la culture nationale* », ainsi que le soutien et l'incitation à la valorisation et à la diffusion des manifestations culturelles (art. 215).

Certains États sont encore davantage multiculturels. La Constitution colombienne affirme la protection de la diversité ethnique et culturelle comme l'un de ses principes fondamentaux. En outre, elle reconnaît le droit indigène et sa juridiction dans le cadre territorial (art. 246), et précise un quota de sénateurs devant être élus par les peuples indigènes (art. 171).

Comme Galvao, Laurent Sermet et Gilda Nicolau[66], je pense que l'élaboration du contenu du droit à la diversité culturelle et de ses limites ne peut résulter que d'un croisement des cultures que permet et nécessite la mondialisation, qui n'est pas l'uniformisation.

La Déclaration du Conseil de l'Europe dite d'Opatija, du 22 octobre 2003, insiste sur la nécessité du dialogue interculturel dans lequel le droit serait partie prenante. Cela nécessiterait entre autres une réflexion sur une possible limitation de la notion de conflit de lois. Elle précise un principe d'interprétation des différences culturelles. Leur constat ne devrait pas conduire au repliement identitaire mais à son contraire. Leur reconnaissance devrait aboutir au renforcement de la paix par une conciliation entre les cultures, qu'elles soient européennes ou non européennes.

On peut évidemment dire qu'il s'agit là de vœux pieux. Car toutes les cultures ne sont pas orientées vers le dialogue ou l'échange. En chaque culture, il y a des éléments d'identité qui ne sont pas *a priori* conçus comme négociables : les convictions religieuses, le statut de la femme, celui de l'étranger, etc. C'est là que le travail du juriste pourrait être déterminant : le droit est l'art de l'interprétation des normes. Il existe donc un pluralisme

---

[66] Cf. Gilda Nicolau et *alii*, *Ethnologie juridique-Autour de trois exercices*, Paris, Dalloz, 2007, p. 341.

des droits de l'homme et cette affirmation n'est pas un oxymore. L'historien du droit sait bien que les seules normes durables sont celles qui sont interprétées, contrairement aux convictions des fondamentalistes.

C'est ainsi que l'article 29, paragraphe 7 de la Charte africaine des droits de l'homme et des peuples de 1981 distingue implicitement entre des valeurs culturelles africaines positives, à valoriser et négatives à interdire. On peut penser que les mutilations sexuelles font partie des secondes.

À la suite de la publication de mon article sur la doctrine juridique chinoise et les droits de l'homme, le doyen Vedel, maintenant décédé, m'avait écrit le 23 juin 1997 :« *Je sais bien que le fameux droit à la différence pourrait fournir une clé pour l'harmonisation. Mais le contenu du droit à la différence est lui-même incertain. À la limite, le droit à la différence peut mettre à néant l'idée même des droits de l'homme, qui serait noyée dans un scepticisme et un relativisme la contredisant directement.* »

S'il peut me lire, j'espère l'avoir convaincu.

Une partie des difficultés évoquées dans les débats actuels sur les droits de l'homme tient sans doute aux incertitudes de leurs fondements et de leurs définitions

Section II
Les incertitudes des fondements des droits de l'homme[67]

Certaines pistes me paraissent fausses ou incomplètes : Dieu ; la Nature ; la morale.

A. Dieu

Dieu est-il favorable aux droits de l'homme ? Dieu ne parle jamais directement (l'Évangile de Jean reconnaît : « *Dieu, personne ne l'a jamais vu* ») et ses interprètes sont légion.

Comme on le verra, le catholicisme a longtemps condamné la liberté d'expression, la laïcité ainsi que les principes de la Révolution française. Les droits de l'homme, à supposer qu'ils existent, doivent être subordonnés aux droits de Dieu.

Les choses ont évidemment changé à l'heure actuelle. Mais on remarque le même type d'objection à l'époque moderne chez un certain nombre de représentants de la culture musulmane. Lors de la rédaction de la Déclaration universelle des droits de l'homme de 1948, le représentant de l'Arabie Saoudite avait déploré qu'il ne soit pas fait mention de Dieu.

En 1984, le représentant de la République islamique d'Iran avait déclaré sans ambages à l'ONU : « *Le gouvernement iranien ne reconnaît d'autres autorités ou pouvoirs que ceux du Dieu tout-puissant, et aucune autre tradition juridique que celle de la loi islamique* [...]. *La délégation iranienne réaffirme* [...] *que les conventions, déclarations, résolutions ou décisions d'organisations internationales qui sont contraires à l'Islam n'ont aucune validité en république islamique d'Iran* [...]. *La* 'Déclaration universelle des droits de l'homme' *qui illustre une conception laïque de la tradition judéo-chrétienne, ne peut être*

[67] Cf. Norbert Rouland, « Les droits de l'homme sont-ils mortels ? », *Droit et Cultures*, 2017 ; « La morale à l'épreuve de la diversité culturelle », *Revue de la recherche juridique*, 2016/4, 14 84-14 97.

appliquée par les musulmans et ne correspond nullement au système de valeurs reconnues par la République islamique d'Iran ; cette dernière ne peut hésiter à en violer les dispositions, puisqu'il lui faut choisir entre violer la loi divine du pays ou les conventions laïques. »

Les déclarations musulmanes modernes des droits de l'homme ne sont pas sans ambiguïté. Elles proclament des droits qui sont assez voisins de ceux des déclarations internationales, mais en général en les circonscrivant à la foi musulmane, ou en faisant silence sur les droits qui pourraient poser problème (droit à ne pas avoir de religion ou à quitter la sienne).

B. La Nature

Un fondement plus assuré des droits de l'homme serait la Nature. Les droits de l'homme seraient issus d'une nature commune à tous les hommes. Encore faut-il savoir ce qu'est la nature humaine… qu'elle ne soit pas forcément bonne est une évidence : de multiples exemples historiques le démontrent, ainsi que la psychanalyse. De plus, une bonne partie du processus de civilisation et du progrès scientifique vise à s'affranchir de certaines de ses contraintes. La médecine, par exemple, s'efforce d'en corriger certains traits : le cancer, le sida, l'infarctus font partie de la nature. F. Engels, dans *Dialectique de la nature*, l'avait parfaitement écrit :

« *C'est précisément la transformation de la nature par l'homme, et non la nature seule en tant que telle, qui est le fondement le plus essentiel et le plus direct de la pensée humaine, et l'intelligence de l'homme a grandi dans la mesure où il a appris à transformer la nature. C'est pourquoi, en soutenant que c'est exclusivement la nature qui agit sur l'homme, que ce sont exclusivement les conditions naturelles qui partout conditionnent son développement historique, la conception naturaliste de l'histoire est unilatérale et elle oublie que l'homme réagit sur la nature, la transforme et se crée des conditions nouvelles d'existence.* »

De surcroît, l'anthropologie montre que l'homme n'est pas chez lui dans la nature[68]. Pour l'utiliser, il doit faire alliance avec elle. Les itinéraires humains peuvent contrarier ceux de la nature. Par exemple, les cours d'eau : les traverser, plus encore les couvrir d'un pont, c'est perturber un ordre. D'où la coutume attestée dans toutes les cultures européennes de jeter des pièces de monnaie dans le fleuve avant d'emprunter un gué. Des rites religieux accompagnent souvent la construction d'un pont. Les Romains avaient leurs dieux des carrefours ; nos ancêtres mettaient des oratoires à la croisée des chemins.

Le statut du forgeron témoigne lui aussi de cette nécessité de respecter la nature tout en s'en servant. *A priori*, son art est sacrilège : il arrache son fruit aux entrailles de la terre et le fait cuire pour obtenir du métal. Le métal étant trop utile pour qu'on puisse s'en priver, la solution du dilemme consiste à donner aux forgerons un statut très particulier, sur la frange du groupe. Les Malgaches et les Moï (Vietnam) demandent leur autorisation aux esprits de la forêt avant d'effectuer les brûlis. De nos jours, l'écologie s'efforce de poser les limites d'une nouvelle alliance avec la nature à la suite des excès nés de la révolution industrielle. Qu'en penserait Aristote, qui a écrit :

« *Il n'y a point d'amitié possible envers les choses inanimées pas plus qu'il n'y a de justice envers elles, pas plus qu'il n'y en a de l'homme au cheval et au bœuf, ou même du maître à l'esclave en tant qu'esclave* » ?

La nature ne paraît donc pas intrinsèque à l'homme : elle est aussi une construction culturelle. Comme elle ne peut se penser elle-même, c'est l'homme qui la pense.

Les nazis en avaient leur conception, qui diffère radicalement de la nôtre[69] et leur a permis de violer des droits que nous considérons comme indérogeables.

---

[68] Cf. Norbert Rouland, *Aux confins du droit*, *op. cit.*, p. 241-250 (traduction en portugais : *Nos confins do direito,* Sao Paulo, Martin Fontes, 2003).
[69] Cf. Johann Chapoutot, *La loi du sang : penser et agir en nazi,* Paris, Gallimard, 2014, p. 99-100 et 193. Un livre à lire absolument.

D'après Hitler, il faut « *étudier les lois de la Nature pour ne pas agir contre elle, autrement, ce serait s'insurger contre le ciel.* »[70]

Il est vain de dire que la nature est cruelle. Elle est.

S'adressant à des juristes réunis dans *l'Académie du droit allemand*, Heinrich Himmler déclarait :

« *Les concepts fondamentaux du droit doivent correspondre au sang et à l'esprit sécrétés par le corps de notre race. Si vous parvenez à formuler ce droit là et à le résumer en un corps de maximes* [...] *vous aurez accompli une œuvre immense.* [...] *Nous nous sommes mis au travail, non pas sans respecter le droit, car nous le portons en nous, mais sans respecter les lois. J'ai décidé tout de suite que si un paragraphe de loi se mettait en travers de notre route, je n'en tiendrais aucun compte et que, pour accomplir ma tâche au service du Führer et du peuple, je ferais ce que ma conscience et le bon sens populaire me dicteraient.* [...] *Nous posions les fondements d'un nouveau droit, le droit à la vie du peuple allemand, autrement dit le droit le plus élémentaire et le plus ancien.* »

Wahlter Buch, un juriste nazi, est lui aussi très clair :

« *L'affirmation selon laquelle sont égaux tous ceux qui arborent un visage humain n'est pas compatible avec la vie réelle* [...] *L'essence, non seulement des hommes, mais aussi de toutes choses, est la différence* [...]. *Regardez donc autour de vous !* [...] *Il n'y a pas d'identité, pas d'égalité. La nature ne le veut pas.* [...] *Et la fraternité, donc !* [...] *La buse ne partagera jamais son nid avec la chauve-souris. De la même manière, l'Esquimau des étendues glacées de l'Arctique n'éprouvera aucune fraternité pour le Nègre de Somalie, qui se sent chez lui sous le chaud soleil des tropiques. Ils sont tous obligés de vivre selon les lois de leur vie, de la race.* »

En 1935, *Das schwarze Korps*, le journal de la SS, fonde sur la nature le droit de tuer :« *Quand quelqu'un dit que l'homme n'a*

---

[70] Cité par H. Picker, *Hitlers Tischgesprächeim Fuhrerhauptquartier*, notes du 1er décembre 1941, traduction française aux Presses de la cité, 1969, p. 166.

pas le droit de tuer, répondons-lui que l'homme a encore cent fois moins le droit de gâcher le travail de la nature et de garder en vie un être qui n'est pas né pour vivre. [...] *On devrait faire une loi qui rende ses droits à la nature. La nature laisserait mourir de faim un être incapable de vivre. Nous pouvons être plus humains et lui administrer une mort sans souffrances. Voilà la seule humanité qui vaille* [...]. *Ceux qui se vantent de leur humanité sont habituellement des individus qui ne font rien pour préserver la force de la race et qui préfèrent un idiot baptisé à un païen plein de santé. De la phrase de Matthieu, V, 3 :* 'Heureux les pauvres en esprit*', nul homme raisonnable ne peut induire des droits pour les idiots ici-bas. Nul, par contre, ne conteste leurs droits au-delà : le royaume des cieux leur est grand ouvert. Nous nous tenons bien droits, les deux pieds sur cette terre, et c'est elle que nous voulons régir. Nous ne confessons pas la même foi que ceux qui disent :* 'Notre Royaume n'est pas de ce monde'. *Nous leur laissons volontiers la liberté de régner sur leur au-delà.* »

Pour scandaleuses qu'elles soient, ces affirmations sont à replacer dans un contexte historique. À sa lumière, les exactions du régime nazi deviennent parfaitement explicables. C'est ainsi qu'Antoine Leca, un historien du droit aixois, retrace la longue histoire de l'eugénisme avec ses prolongements actuels[71].

Rien d'extraordinaire à ce que les nazis aient revendiqué Nietzsche (qui meurt seulement quelques années avant la naissance d'Hitler), qui écrivait :

« Le malade est un parasite de la société. Arrivé à un certain état, il est inconvenant de vivre plus longtemps. L'obstination à végéter lâchement, esclave des médecins et des pratiques médicales, après que l'on a perdu le sens de la vie, le droit à la vie, devrait entraîner de la part de la société un mépris profond. »[72]

---

[71] Cf. Antoine Leca, *L'ordre sanitaire national-socialiste : rémanence, résilience et récurrences au XXIe siècle. Manuel antinazi*, Bordeaux, Les éditions hospitalières, 2016, 188 p.

[72] Friedrich Nietzsche, *Le crépuscule des idoles*, section 36, 1889.

Passons aussi sur Alexis Carrel (prix Nobel de médecine en 1912) qui préconisait en 1935 la création d'un « *établissement euthanasique pourvu de gaz appropriés* ».

On est davantage troublé en lisant des auteurs français que l'on considère en général comme humanistes.

Dissertant sur le droit de vie et de mort, Jean-Jacques Rousseau avait écrit que la vie n'était pas un bienfait de la nature, mais un don conditionnel de l'État[73]. Il avait surenchéri en affirmant : « *Je ne me chargerai pas d'un enfant maladif et cacochyme, du-t-il vivre quatre-vingts ans. Je ne veux pas d'un élève toujours inutile à lui-même et aux autres, qui s'occupe uniquement à se conserver, et dont le corps nuit à l'éducation de l'âme. Que ferais-je en lui prodiguant vainement mes soins, sinon doubler la perte de la société et lui ôter deux handicaps pour un ?* »[74]

Plus près de nous, des philosophes français très médiatisés ont des formulations inquiétantes.

André Comte-Sponville écrit ainsi :

« *Les mourants coûtent cher, par le temps qu'ils y mettent, par le lieu où cela se passe (de plus en plus à l'hôpital), par les soins qu'ils requièrent ou qu'on leur impose, très cher (la moitié de ce que nous coûtons à la Sécurité sociale sera en moyenne dépensée dans nos six derniers mois). Trop cher ? On peut le penser, si l'on compare l'énormité du coût, pour la collectivité, aux gains obtenus par le malade, autrement dit, si l'on se fonde, comme on le fait dans d'autres domaines, sur le rapport qualité/prix.* »[75]

Il faut donc mourir conformément à la logique du marché. De plus, sont particulièrement ciblées les personnes âgées, dont le nombre va croître dans les prochaines décennies. Régis Debray, très médiatisé, ancien compagnon de Che Guevara, en parlait ainsi en 2004 :

---

[73] Jean-Jacques Rousseau, *Du Contrat social*, chapitre cinq : « *Du droit de vie et de mort* ».

[74] Jean Jacques Rousseau, *Émile ou De l'éducation*, 1762.

[75] André Comte-Sponville, « Le droit de mourir » in Catherine Leguay, *Mourir dans la dignité-quand un médecin dit oui*, Paris, Robert Laffont, 2000, p. 179.

« Consentir un effort financier chaque fois accru pour une population dont l'utilité sociale diminue de jour en jour ne va pas de soi. Ni procréateur ni créateur de richesse, moins le sujet est utile à la société plus il lui coûte [...] *les vieillards pourraient être regroupés sur un site où seraient concentrés les moyens médicaux appropriés, avec toutefois un peu de souplesse, comme la faculté offerte d'exempter du bioland, des personnes âgées assujetties à l'impôt sur la fortune, les académiciens et les décorés de quelques ordres. »*[76]

La Légion d'honneur contre les droits de l'homme ? Quel tollé auraient suscité ces écrits s'ils avaient été ceux d'un penseur de droite...

Enfin, toutes les cultures ne séparent pas l'homme de la nature. C'est le cas de l'hindouisme.

La pensée hindouiste s'organise autour du *dharma*, principe qui confère la cohésion à tout ce qui existe. Il possède une multiplicité de sens : dans celui de loi, il unifie les rapports humains. L'individu n'est pas premier, mais constitue l'un des éléments de la chaîne complexe de la réalité. Chaque organisme vivant a sa place dans une hiérarchie ascendante : végétaux, insectes, animaux, ovipares, vivipares, êtres humains. Le principe classificateur joue au maximum pour ces derniers, sous la forme du système des castes. L'humanité ne possède pas une nature qui la rendrait spécifiquement différente des autres formes de vie. Elle est simplement plus évoluée. Mais la distinction entre les degrés d'évolution transcende la séparation primordiale instituée par la pensée occidentale entre l'humanité et le reste du monde. Il y a plus de distance entre hautes et basses castes qu'entre les plus basses castes et les animaux. La naissance assigne à chaque être sa place dans cette hiérarchie.

Une telle vision peut nous paraître insupportable. Mais elle devient plus compréhensible si on la situe dans sa dimension essentielle. Le système des castes est indissociable de la croyance en la réincarnation : chaque individu renaît selon ses mérites

---

[76] Régis Debray, *Le Plan Vermeil-Modeste proposition*, Paris, Gallimard, 2004, p. 52.

accumulés dans la vie précédente. Dans ce système, les idées d'égalité juridique, de droits individuels et universels sont évidemment absentes. La complémentarité entre les castes joue le même rôle que chez nous l'égalité juridique : le mécanisme de la réincarnation joue le rôle d'une balance entre les droits et les devoirs. Plus on a accompli ses devoirs, plus on a de droits.

Les mêmes incertitudes planent sur la notion de morale.

C. La morale

Pour Johann Chapoutot et d'autres auteurs actuels, il existe une morale nazie. Dans le même sens, j'ai tenté de démontrer dans un de mes ouvrages[77] qu'il existe bien un droit nazi : ce n'est pas parce qu'un champignon est vénéneux qu'il cesse d'être un champignon. Et si un droit est contraire à ce qu'est pour nous la morale, plus ou moins fondée sur les droits de l'homme, il reste quand même un droit. Ou bien il faut jeter à la poubelle une bonne partie du droit romain, consacrée à la réglementation de l'esclavage. Et rappelons qu'Aristote avait écrit qu'il existait un esclavage par nature. Pour un nazi, la morale n'est pas universelle, car un Russe, *a fortiori* un Juif, ne peut être considéré comme un Allemand.

Un périodique SS est là encore explicite : « *Ce qui est moral, c'est ce qui bénéficie à la préservation raciale du peuple allemand. Ce qui est immoral, c'est ce qui entrave la préservation de la race* »[78]. Comme l'écrit J. Chapoutot : « *Bien loin d'être un crime, la Solution finale est la plus haute expression de la moralité naturelle.* »[79]

Comme je le rappelais dans la conclusion d'un ouvrage récent[80], le contenu de la morale n'est pas universel. La seule idée

---

[77] Cf. Norbert Rouland, *Introduction historique au droit*, *op. cit.*, 1998, p. 91-98.
[78] *SS Handblätterfür den weltanschaulichen Unterricht*, 'Thema 3', s.l.n.d., p. 6.
[79] *Op. cit.*, p. 428.
[80] Cf. Norbert Rouland, *À la découverte des femmes artistes : une histoire de genre*, *op. cit.*, p. 423-429.

universelle est la distinction entre le bien et le mal, mais ce sont des contenants dont les contenus peuvent varier.

Chez les Abkhaze du Caucase, un jeune homme ne pouvait prendre femme que s'il avait tué un certain nombre d'ennemis.

Cela ne signifie pas, bien au contraire, qu'il faille abandonner les réflexions sur la morale. Juristes et anthropologues le savent bien.

Pour Grotius (1583-1645) le droit international émane d'une morale universelle, enracinée dans le droit naturel. Cette idée est temporairement évacuée par l'école réaliste, qui mettait en avant la raison d'État (notamment le juriste nazi Carl Schmitt[81]). À la fin du siècle précédent, les constructivistes avancent que si chaque État agit en fonction de son intérêt, le contenu de cet intérêt ne résulte pas du seul rapport de forces. Les représentations et croyances générales en font aussi partie.

De leur côté, les anthropologues, soumis à la question de certaines pratiques (infanticide des filles, élimination des personnes âgées, mutilations sexuelles, etc.) se sont aussi posés la question de la morale[82] et ont parfois donné des solutions concrètes, comme Franz Boas, un chercheur d'origine allemande installé aux États-Unis, qui a publié en 1928 un ouvrage où il envisage les sociétés modernes à la lumière de l'anthropologie. On y trouve des idées pour l'époque tout à fait nouvelles : l'égale créativité entre la femme et l'homme, la légitimité des rapports sexuels avant le mariage, la dénonciation des inégalités raciales, etc.

Que conclure ? À mon sens, le seul fondement réaliste des droits de l'homme est leur essence volontariste : les droits de l'homme existent parce que nous décidons qu'il en est ainsi. L'homme découvre sa propre humanité par un cheminement historique et

---

[81] Cf. Yves-Charles Zarka, *Un détail nazi dans la pensée de Carl Schmitt : la justification des lois de Nuremberg du 15 septembre 1935*, Paris, Presses universitaires de France, 2005, 95 p.

[82] Cf. Lucien Lévy-Bruhl, *La morale et la science des mœurs*, Paris, Felix Alcan, 1903, 300 p. ; Georges Gurvitch, *Morale théorique et science des mœurs*, Paris, Félix Alcan, 1937, 197 p.

des expériences culturelles différentes de ce qu'est la dignité humaine : certaines sociétés valorisent la force, d'autres la paix. Les formulations des droits de l'homme sont plurielles et évolutives. Cela peut paraître décevant, car une telle option évacue toute transcendance et pourrait inhiber leur universalisme. Mais comme dirait Aristote, nous sommes dans le monde sublunaire. Une telle attitude ne devrait cependant nullement décourager de la croyance en les droits de l'homme et en leur perfectibilité. À mon sens, elle y incite même. Il faut chercher un dénominateur commun à leurs déclinaisons multiples, ce qui sera sans doute la tâche du XXIe siècle. Il faut se résoudre, comme le font les bouddhistes, à ce que notre monde soit celui de l'impermanence.

D'origine récente, les droits de l'homme sont donc mortels. Ils peuvent aussi renaître au cours de l'histoire, comme le Phénix, à travers des définitions plurielles.

Section II
Les incertitudes des définitions des droits de l'homme

La naissance des droits de l'homme n'est pas concomitante de celle de la démocratie. On sait que cette dernière a été inventée par Athènes, il y a plus de deux mille ans. Mais les régimes politiques antiques identifiaient l'homme aux citoyens : seul le citoyen pouvait jouir de l'intégralité des droits civiques. Les stoïciens cependant dénonçaient l'exclusivisme civique.

Dans *La République*, Zénon écrit que les hommes devraient concevoir leur humanité au-delà des limites de la cité, qu'il existe une justice universelle et que tous les hommes sont citoyens du monde. Par ailleurs, au début du troisième siècle après J.-C., l'empereur Caracalla donne la citoyenneté romaine à tous les habitants de l'Empire. Mais il s'agit là d'une mesure tardive.

L'idéal civique antique est bien en-deçà des droits de l'homme : les femmes sont exclues des droits civiques, les étrangers sont affligés de diverses incapacités.

Ces restrictions ne datent pas seulement de deux millénaires. Actuellement, dans bien des pays, la femme n'a pas les mêmes droits que l'homme. En France, l'égalité juridique n'a été acquise que dans les dernières décennies du siècle précédent et elle ne correspond toujours pas à l'égalité réelle. Quant aux droits des étrangers, ils sont toujours l'objet de vives discussions dans le débat politique, aggravées par les migrations survenues à l'issue des bien mal nommés printemps arabes.

Il n'en reste pas moins que depuis la seconde moitié du siècle précédent, un véritable droit international des droits de l'homme, sanctionné avec des intensités différentes par des juridictions dans diverses parties du monde, s'est élaboré, comme nous le verrons en détail plus loin. En France, depuis 1970, la jurisprudence du Conseil constitutionnel a pris une importance croissante, et se fonde sur les principes républicains, notamment l'égalité.

Pour autant, au niveau international, on n'est pas encore parvenu à une uniformité, qui n'est d'ailleurs sans doute pas souhaitable. Il faut chercher à harmoniser plutôt qu'à uniformiser.

Il reste que certaines divergences sont à ce jour fondamentales : notamment celles qui opposent les droits individuels aux droits collectifs. Les États socialistes avaient reproché à la Déclaration des droits de l'homme de 1948 de ne pas assez tenir compte des droits collectifs. Critique reprise par certains États non-occidentaux.

En 1968, la proclamation de Téhéran affirme que les droits individuels doivent être contrebalancés par des droits collectifs et que l'écart croissant entre pays développés et en voie de développement crée des conditions différentes dans l'exercice des droits de l'homme. En 1972, la Charte culturelle de l'Organisation de l'Unité africaine établit clairement le droit d'autodétermination culturelle : « *Tout peuple a le droit imprescriptible à organiser sa vie culturelle en fonction de ses idéaux politiques, économiques, sociaux, philosophiques et spirituels* ». Adoptée en 1981, la Charte africaine des droits de l'homme et des peuples proclame son attachement à la Déclaration universelle, mais nombre de ses articles insiste sur les devoirs des États signataires d'assurer la préservation et le renforcement des valeurs culturelles africaines et des traditions sont reconnues par la communauté.

La même année, le Conseil islamique pour l'Europe proclame à Paris, dans les locaux de l'Unesco, une *Déclaration islamique universelle des droits de l'homme*, dont tous les articles sont fondés sur des versets du Coran et des traditions prophétiques sunnites (les *hadith* chiites ne sont pas pris en compte). Certains droits proclamés sont identiques à ceux de la Déclaration universelle. Mais subsistent des différences essentielles. Par exemple, l'affirmation du caractère relatif de la Raison :

« *La rationalité en soit, sans la lumière de la révélation de Dieu, ne peut ni constituer un guide infaillible dans les affaires de l'humanité ni apporter une nourriture spirituelle à la vie humaine.* »

Autre différence, la proclamation de droits doit s'accompagner de celle de devoirs, notamment envers Dieu : « *Au terme de notre Alliance ancestrale avec Dieu, nos devoirs et obligations ont priorité sur nos droits.* » Les révolutionnaires français avaient pensé à mentionner des devoirs, mais avaient écarté cette idée (à l'exception de 1795) au motif qu'elle risquait de favoriser un retour à l'ordre ancien. Elle ressurgit aujourd'hui sous la forme des devoirs de l'homme vis-à-vis de son environnement.

Par ailleurs, les États non-occidentaux ont tendance à dénoncer les droits de l'homme comme un cheval de Troie des pays occidentaux. Et il est vrai que dans certains cas cette critique sonne juste : les droits de l'homme sont trop souvent invoqués comme justificatifs d'expéditions militaires… sélectives.

Enfin, il faut rappeler que les réserves effectuées par rapport aux droits de l'homme ne sont pas seulement contemporaines. Le passé en a connu différentes versions.

Section IV

Les réfutations des droits de l'homme

Celles-ci sont variées et émanent des contre-révolutionnaires et des marxistes, ainsi que de certains auteurs français actuels[83].

A. Les thèses des contre-révolutionnaires

Contrairement à une opinion répandue, les philosophes des Lumières n'avaient pas nécessairement une idée optimiste de la nature humaine[84].

Quoiqu'il en soit, leur feu n'a pas brûlé partout et toujours. Non seulement les puissances européennes se sont liguées contre la Révolution française, mais il a existé des penseurs français contre-révolutionnaires de talent. Parmi ceux-ci, Joseph de Maistre qui écrit en 1797 *Considérations sur la France*. Dieu est à l'origine de tout ; à proprement parler, l'homme ne peut rien. « *Pour moi, je ne croirai jamais à la fécondité du néant.* » Il ne peut donc pas faire de constitution, encore moins de Déclaration, *a fortiori* de Déclaration universelle. L'homme est avant tout divers, toute tentative d'universalisation de ses droits n'est qu'une illusion de la Raison : « *La constitution de 1795, tout comme ses aînées, est faite pour l'homme. Or, il n'y a point d'homme dans le monde. J'ai vu dans ma vie, des Français, des Italiens, des Russes, etc. ; je sais même grâce à Montesquieu qu'on peut être Persan : mais quant à l'homme, je déclare ne l'avoir rencontré de ma vie ; s'il existe, c'est bien à mon insu* [...]. *Une constitution qui est faite pour toutes les nations n'est*

---

83 Cf. D. Lochak, *Les Droits de l'homme*, Paris, La Découverte, 2009, p. 28-36.

84 Cf. Xavier Martin, *Nature humaine et Révolution française*, Poitiers, éd. Dominique Martin Morin,1994, 277 p. ; *L'homme des droits de l'homme et sa compagne (1750-1850) : sur le quotient intellectuel et affectif du « bon sauvage »*, Poitiers, éditions Dominique Martin Morin, 2001, 279 p. ; *Mythologie du code Napoléon : aux soubassements de la France moderne*, Poitiers, Dominique Martin Morin, 2003, 510 p.

faite pour aucune : c'est une pure abstraction, une œuvre scolastique faite pour exercer l'esprit d'après une hypothèse idéale, et qu'il faut adresser à l'homme, dans les espaces imaginaires où il habite. »

Quelques années auparavant, en 1790, E. Burke (1729-1797) avait condamné la Révolution française dans un ouvrage qui avait connu un grand succès en Europe : *Réflexions sur la Révolution de la France*. Il y écrivait que la Révolution française reposait sur des principes abstraits ne tenant pas compte des particularités historiques et culturelles : un peuple a pour premier devoir de conserver ses traditions ; il ne peut exister de système universel.

Portalis, le principal rédacteur du Code civil, s'était réfugié en Angleterre pendant la période la plus tendue de la Révolution française. Codificateur, il n'en croyait pas moins à l'action du temps (c'est-à-dire des conditions concrètes), en disant : « *À proprement parler, on ne fait pas de codes. Ils se font avec le temps* ». Au tribunal de l'histoire, les contre-révolutionnaires ont perdu. Il n'empêche que même détachée de son fondement théocentrique, l'affirmation de Joseph de Maistre est à prendre au sérieux en ce début du XXIe siècle.

Les contre-révolutionnaires s'opposaient aussi au primat de l'individu, fondement des déclarations des droits de l'homme : l'individu n'existe que par rapport à des autorités qui lui sont supérieures : Dieu, le pouvoir, la famille. En ce sens, les contre-révolutionnaires français reprochaient à la Révolution d'avoir détruit la famille, plus encore que d'avoir décapité le roi. Et il est vrai que les premières grandes lois révolutionnaires ont visé à affranchir l'individu de la tutelle familiale. La loi sur le divorce de 1792 a profité en premier aux femmes, qui ont été majoritaires à demander le divorce, un phénomène constant jusqu'à l'époque actuelle. Et également la loi sur l'égalité successorale de 1794 qui allait à contre-courant des coutumes pluriséculaires assurant la domination des garçons sur les filles, et des aînés sur les cadets. Comme l'a écrit Jean Carbonnier, le Code civil sera plus tard un code de la jeunesse.

La papauté va condamner pour longtemps les droits de l'homme. En 1791, Pie VI qualifie la liberté religieuse de « *droit monstrueux* », condamnation réitérée par Pie IX en 1864. L'existence de droits de l'homme séparés de ceux de Dieu est vivement critiquée. Jusqu'au concile de Vatican II, en 1962, l'Église catholique a enseigné que le salut ne se trouvait qu'en son sein.

Par ailleurs, l'éclairage produit par les Lumières n'est plus le même quand il passe les frontières.

L'*Aufklärung* diffère notamment sur la question de l'universalisme : à travers la pluralité des langues et des cultures, ce sont les différences qui sont valorisées. Contrairement à ce que pensent les Français, les normes ne sont pas transposables librement d'une culture à l'autre. Pour Herder (1744-1803), la langue maternelle, méprisée par les élites cosmopolites, est le véhicule d'une communauté de culture dotée d'une spécificité inimitable. Les cultures sont égales en dignité, mais étanches : chacune d'elle suit son propre développement, suivant ses lois propres. Une imitation servile de modèles étrangers serait stérile. Les notions d'âme du peuple (*Volksseele*) ou d'esprit du peuple (*Volksgeist*), sont donc centrales. On est donc à l'opposé des conceptions volontaristes de Jean-Jacques Rousseau et de sa vision universaliste des sociétés humaines.

Les héritages de ces deux tendances sont ambigus. Rousseau et Herder ont leur part de vérité, mais leurs idées sont susceptibles d'interprétations déviantes.

Du côté de l'universalisme français, on aboutit à la négation en droit positif de l'existence des minorités et des peuples autochtones, contre les orientations maintenant vieilles d'un demi-siècle du droit international. Cela ne signifie pas que dans la France actuelle les minorités et les autochtones sont opprimés, mais le respect de leurs différences emprunte d'autres voies que celle de leur reconnaissance, notamment en tant que groupes. C'est ainsi que la France reconnaît la validité de la Déclaration des droits des peuples autochtones de 2007, mais estime qu'elle n'a pas à s'appliquer sur son propre territoire. De même, en 1991, le Conseil constitutionnel français a invalidé la notion de peuple corse, en reconnaissant dans la même décision la spécificité de l'organisation administrative de la collectivité territoriale corse. Dès le début de la Révolution, le comte de Clermont-Tonnerre avait arrêté les principes français en déclarant que la France devait tout accorder aux Juifs comme individus, et rien comme nation. Et il est certain que cela a bénéficié aux Juifs.

De même, l'exemple de l'Afrique du Sud jusqu'à l'indépendance montre bien que l'affirmation de la spécificité des cultures ne peut être que le cache-sexe de la domination.

Le droit international récent paraît valider les concepts de l'*Aufklärung* : de nombreux instruments internationaux affirment le nécessaire respect des identités basées sur la protection des spécificités culturelles, notamment linguistiques.

Mais il est intéressant d'examiner brièvement comment l'affirmation des spécificités culturelles a été utilisée au XXe siècle par les juristes nazis[85]. Otto Dietrich, docteur en sciences politiques, chef du service de presse du parti Nazi, publie en 1935 un ouvrage intitulé *Les fondements philosophiques du national-socialisme*. L'individu n'est qu'une abstraction, il n'existe que par rapport à une communauté. Le seul universalisme, c'est le communautarisme. Ce communautarisme est fondé sur la loi d'airain des identités raciales. Le juriste Hans Frank, qui fera régner l'ordre nazi en Pologne, écrit en 1938 :

« *Les autres peuples et races ont des lois qui correspondent à leur individualité, tout comme le peuple allemand a son propre style de vie. C'est précisément parce que nous considérons les races et les peuples comme des entités biologiques que nous approuvons le droit à la vie de chaque peuple, conformément à la forme que prend sa vie.* »

La déviation nazie réside donc dans la racialisation des théories des Lumières allemandes.

---

[85] Cf. Johann Chapoutot, *La loi du sang : penser et agir en Nazi*, *op. cit.*, p. 119 et s. En France, le régime de Vichy insiste à son tour sur le caractère subordonné des droits de l'individu. Celui-ci appartient d'abord à des communautés (famille, profession, nation) et doit être soumis à l'État.

Mais elle possède par ailleurs des substrats dans une vieille tradition de contestation, voire de rejet du droit romain (dès 1920, les nazis fustigent le droit romain dans l'article 19 de leur programme). Le droit romain qui a été répandu en Europe par les juristes de droit canon et l'Église catholique est présenté comme un droit romain dégénéré, dans son caractère pluriethnique et pluriculturel. Alfred Rosenberg, l'idéologue du parti nazi, qualifie de « *bâtard racial* » l'empereur Caracalla, qui, en 212, accorda la citoyenneté à tous les habitants de l'Empire. Et les juristes nazis d'observer que les juristes romains de la basse époque ont été des Africains, des Asiatiques et des Juifs. Ce qui à terme, aurait conduit à la disparition de l'Empire romain. Ces mêmes juristes ont répandu l'idée coupable d'un individu titulaire de droits naturels, imprescriptibles, universels et autres balivernes. Or un individu est un être concret qui n'existe que par rapport aux communautés dans lesquelles il s'insère.

Par ces quelques exemples, on voit donc combien la doctrine juridique nazie a recyclé à son profit des idées anciennes. Le nazisme n'est pas un aérolithe qui tombe du ciel.

À l'opposé, le marxisme critique aussi les droits de l'homme.

B. Le marxisme chinois et les droits de l'homme

Il existe une critique marxiste des droits de l'homme[86], qui n'est pas sans raison. Ceux-ci ne pourront véritablement advenir que dans les sociétés débarrassées de la lutte des classes et dans lesquelles les besoins matériels fondamentaux seront satisfaits.

C'est ainsi que la doctrine juridique chinoise, pour répondre à la répression des manifestants de la place Tien An Men qui

[86] Dans ses *Réflexions sur la question juive*, Marx critique de façon détaillée la Déclaration française de 1789.

invoquaient les idées de démocratie, a élaboré une réflexion originale[87] et où s'expriment plusieurs courants de pensée.

Face aux nombreuses critiques que suscita l'écrasement de la manifestation étudiante, le gouvernement chinois suscita dans les milieux intellectuels une réflexion sur les droits de l'homme, une sorte de droit de réponse. Une fois posé que ceux-ci ne peuvent se réaliser que là où la satisfaction des besoins matériels fondamentaux est assurée, le débat porta d'abord sur le rapport entre les droits et les devoirs, ces derniers n'étant pas ou peu mentionnés dans les textes d'origine occidentale. Certains universitaires chinois penchent pour leur équivalence, d'autres pour la primauté des droits, d'autres pour la primauté des devoirs. Les partisans de la primauté des droits insistent sur la nécessité d'une forme économique dans laquelle les échanges ont lieu entre des parties contractant librement et sur un pied d'égalité, ce qui ne peut être le cas des économies planifiées, mais se réalise au contraire dans l'économie de marché et l'économie socialiste de marché inaugurée par Deng Hsiao Ping[88]. Les partisans de la primauté des devoirs ne sont pas nécessairement contre les droits subjectifs, mais estiment que la protection des individus sera réalisée par l'édiction d'obligations négatives de l'État qui s'engagerait à ne pas intervenir dans un certain nombre de domaines des activités individuelles.

En ce qui concerne la question cruciale de l'universalisation, les droits de l'homme ne sont plus seulement présentés comme une tactique de la bourgeoisie, mais aussi comme l'expression d'une commune humanité, que commence à manifester le droit international. Le professeur Xu Bing, de l'Académie des sciences

[87] Cf. Norbert Rouland, « La doctrine juridique chinoise et les droits de l'homme », *Revue universelle des droits de l'homme*, 30 avril 1998, vol. 10, numéros 1 et 2, p. 1-26.

[88] L'économie socialiste de marché diffèrerait de l'économie de marché capitaliste en ce sens que le secteur public y est très important et que la redistribution des richesses empêcherait la formation de classes sociales aux intérêts opposés. Dans la pratique, on observe cependant que le secteur public est largement en crise et que des classes sociales se forment bel et bien en Chine. Sans parler de la généralisation de la corruption…

sociales, dont les recherches ont été publiées dans la prestigieuse revue *Studies in Law*, écrit ainsi :

« *Le drapeau des droits de l'homme, au cours de l'histoire, a conduit l'humanité de la barbarie à la civilisation, d'un degré inférieur de civilisation à un degré supérieur, de l'autocratie à la démocratie, du gouvernement personnel à celui du droit.* »

Il reconnaît que même si les droits de l'homme ont été proclamés en premier par la bourgeoisie, ce fait historique ne suffit pas à disqualifier leur caractère universel, transcendant la division en classes sociales. Ces droits sont les droits que possède tout homme, simplement parce qu'il est homme[89].

Il faut enfin mentionner une critique actuelle des droits de l'Homme : ils seraient contre les peuples.

C. La critique moderne de la « religion » des droits de l'homme : des droits contre les peuples ?[90]

De même qu'il existe une histoire des droits de l'homme, leur critique a une histoire[91].

Le noyau central reste la question du rapport entre les différences et l'universalisme. Mais ce rapport est soumis à la contingence historique.

Les droits de l'homme ont été affirmés par la Révolution française comme des instruments de garantie des droits

---

[89] Cf. Xu Bing, "The rise and historical development of human rights theory", *Studies in law*, 3, 1989, p. 1 et s.

[90] Cf. notamment Jean-Louis Harouel, *Le vrai génie du christianisme : laïcité, liberté, développement*, Paris, éditions Jean Cyrille Godefroy, 2012, 269 p. ; *Revenir à la nation*, Paris, éditions Jean Cyrille Godefroy, 2014, 166 p. ; *Les droits de l'homme contre le peuple*, Perpignan, Desclée de Brouwer, 2016, 143 p.

[91] Pour une synthèse des critiques contre les droits de l'homme, cf. Justine Lacroix et Jean-Yves Pranchere, *Le procès des droits de l'homme*, Paris, éditions du Seuil, 2016, 338 p.

individuels contre les éventuels abus du pouvoir. Il existait certes dans la France de l'Ancien Régime des minorités (protestants, juifs). Mais l'immigration musulmane n'est devenue significative d'un point de vue numérique que récemment. Et ce n'est que plus récemment encore que le problème des migrants venus des pays musulmans tombés dans un état de quasi-anarchie est devenu préoccupant. Pour paraphraser François Mitterrand et Michel Rocard, tout le problème est de savoir dans quelle mesure la France doit prendre sa part du malheur du monde. Et dans ce débat, la question des droits de l'homme et de leur interprétation est évidemment déterminante.

En quoi les droits de l'homme peuvent-ils être qualifiés de nouvelle religion ? Dans la France actuelle, environ la moitié des Français se déclare agnostique ou athée. Mais d'une part, à tort ou à raison, l'homme ne peut s'empêcher de chercher un sens à son existence. D'autre part, il existe un sacré non religieux, dans le sens où il ne s'identifie pas à une religion mais qu'il en emprunte certains caractères. Les droits de l'homme font partie d'un sacré actuel. Ils appartiennent aussi à tout un courant historiciste : ils s'inscriraient dans le sens de l'histoire. L'effondrement à la fin du siècle précédent des régimes communistes (tout au moins en Europe) font apparaître les droits de l'homme comme un nouveau vecteur de l'émancipation de l'humanité.

Inspirés quelquefois sans le savoir par l'idéal chrétien de l'amour de l'autre, ils seraient fondés sur la religion de l'identique, la négation des différences et l'interdiction en droit positif des discriminations.

Cette transcription en droit positif s'est opérée à partir de la seconde moitié du siècle précédent.

L'année 1950 voit l'entrée en vigueur de la Convention européenne des droits de l'homme. En France, le nouveau Code pénal de 1994 frappe comme délits pénaux une série de pratiques discriminatoires classées « *atteintes à la dignité de la personne* ». Celui qui propose au public quelque avantage ne doit en exclure personne pour cause de sexe, de race ou de religion.

Pour l'historien du droit Jean-Louis Harouel, cette transcription présente des dangers (la couverture de son dernier ouvrage[92] est illustrée par une représentation de la Cour européenne des droits de l'homme… à l'envers).

D'une part, elle opère une transition dangereuse de la morale au droit : l'amour chrétien a toujours été une question de morale individuelle, non un impératif juridique. Tendre l'autre joue est certainement un impératif moral respectable. Il n'a pas empêché les canonistes d'élaborer les théories de la guerre juste. Face à Hitler, fallait-il tendre l'autre joue ?

Toujours dans l'exigence d'un certain réalisme, est-il raisonnable de croire en l'interchangeabilité des cultures pour mieux assurer la fraternité humaine ?

Ces objections d'ordre général seraient renforcées par les dangers que présente l'islamisme. La tolérance envers les signes identitaires musulmans, propagateurs de valeurs contraires à l'humanisme, a été permise par les impératifs juridiques de non-discrimination.

Cela rappelle des débats anciens sur la liberté d'expression.

En 1763, Voltaire écrit dans son *Traité sur la Tolérance* :

« *Pour qu'un gouvernement ne soit pas en droit de punir les erreurs des hommes, il est nécessaire que ces erreurs ne soient pas des crimes ; elles ne sont des crimes que lorsqu'elles troublent la société ; elles troublent cette société dès qu'elles inspirent le fanatisme ; il faut donc que les hommes commencent par n'être pas fanatiques pour mériter la tolérance.* »[93]

Plus loin, dans un chapitre intitulé « *Prière à Dieu* », il ajoute :

« *Tu ne nous as point donné un cœur pour nous haïr, et des mains pour nous égorger* […]. *Fais que les petites différences entre les vêtements qui couvrent nos débiles corps, entre tous nos langages insuffisants, entre tous nos usages ridicules, entre toutes nos lois imparfaites, entre toutes nos opinions insensées*

---

[92] Jean-Louis Harouel, *Les droits de l'Homme contre les peuples, op. cit.*

[93] Voltaire, *Traité sur la Tolérance*, Paris, Gallimard, 1975, p. 98.

[…] *que toutes ces petites nuances ne soient pas des signes de haine et de persécution ; que ceux qui allument les cierges à midi pour te célébrer supportent ceux qui se contentent de la lumière de ton soleil ; que ceux qui ouvrent leur robe d'une toile blanche pour dire qu'il faut t'aimer ne détestent pas ceux qui disent la même chose sous un manteau de laine noire.* »[94]

Plus tard, sous la Révolution française, on se souvient de l'apostrophe de Saint-Just : « *Pas de liberté pour les ennemis de la liberté* ».

On ajoutera que pour les tenants de l'islam radical, il n'y a pas de séparation entre le politique et le religieux, ce qui est justement une garantie de liberté, qui a été le propre du christianisme, même si l'histoire a montré qu'il a pu aussi exister des fanatiques chrétiens.

Les réflexions de Jean-Louis Harouel s'inscrivent donc dans un courant de la pensée française[95].

[94] *Ibid.*, p. 115-116.

[95] Cf. Alain de Benoist, *Au-delà des droits de l'homme*, Paris, P.-G. de Roux, 2016, 183 p.

Conclusion

Sur toutes ces questions, le débat reste ouvert.

Le monde actuel n'est plus celui de 1789. Quand elles ne se connaissaient pas, les cultures différentes pouvaient s'ignorer sans trop de difficultés. De même, les phénomènes migratoires, comme ceux injustement appelés « invasions » qui marquèrent la fin de l'Empire romain, s'étalèrent sur des siècles, non sur des années. L'ouverture des espaces et l'accélération de l'histoire posent des problèmes redoutables à nos contemporains.

Il est vrai que la nécessité d'une déconstruction de l'islam est évidente : l'islam ne peut se réduire aux salafistes, pas plus qu'aux sunnites ou aux chiites. Mais une doctrine peut très bien s'imposer alors qu'au départ elle n'est pas partagée par la majorité. L'histoire regorge d'exemples en ce sens.

De plus, il est certain que des mesures inspirées par les droits de l'homme peuvent être utilisées à rebours par les adversaires de ces droits. Mais n'en serait-il pas de même de mesures inverses ?

Par ailleurs, les droits de l'homme ne sont pas réductibles à la négation des différences. Tout le droit international des minorités et des peuples autochtones est inclus dans le cadre global des droits de l'homme. Et ce droit international est bien marqué par la nécessité du respect des particularismes culturels.

Parmi ces particularismes culturels, la conception des rapports entre les femmes et les hommes. Là aussi, une comparaison entre les cultures française et brésilienne est intéressante.

Chapitre III

Un impératif juridique : l'égalité entre les femmes et les hommes

La minoration de la femme par le droit est quasiment universelle. L'égalité juridique entre les femmes et les hommes est un acquis récent, et seulement dans certaines parties du monde. L'égalité réelle n'existe que dans les pays scandinaves, en particulier en Norvège. L'égalité juridique des femmes et des hommes n'en est pas moins devenue un impératif juridique, notamment sur le plan international. On note aussi des progrès dans la même direction en ce qui concerne les droits positifs français et brésilien. La longue résistance des mœurs et du droit à l'égalité entre les femmes et les hommes s'explique en partie par les traditions religieuses.

Nous étudierons donc successivement l'égalité entre les femmes et les hommes en droit international ; la condition de la femme dans les droits positifs français et brésilien ; le substrat religieux de la minoration de la femme.

Section I
L'égalité entre les femmes et les hommes en droit international

Il faut lire les ouvrages émouvants de l'auteure contemporaine russe Svletlana Alexievitch, née en 1948 en Ukraine, prix Nobel de littérature 2015. Elle raconte ainsi la Seconde guerre mondiale vue par des femmes russes participant au combat :

« *C'était une guerre que je ne connaissais pas. La guerre des femmes. Cela ne parlait pas de héros. Cela ne racontait pas comment des hommes tuaient héroïquement d'autres hommes.* [...] *La guerre, c'est tuer. C'est cela qui reste dans la mémoire des femmes. Un homme vient de sourire, de fumer – et il n'est plus là. Ce dont les femmes parlent plus, c'est de la disparition, de la vitesse à laquelle, à la guerre, tout se transforme en rien. L'être humain, le temps humain. Oui, elles avaient demandé elles-mêmes à être envoyées sur le front, à 17,18 ans, mais elles ne voulaient pas tuer. En revanche, elles étaient prêtes à mourir.*

À mourir pour leur patrie. Et aussi-on ne peut effacer cela-pour Staline. »[96]

Les femmes sont depuis longtemps présentes dans le droit international, notamment le droit international humanitaire, mais c'est dans la seconde partie du XXe siècle que leur protection s'accroît, notamment en raison de leur participation croissante aux deux conflits mondiaux, ainsi que de l'augmentation du nombre des victimes civiles au cours de ces conflits, parmi lesquelles évidemment des femmes[97].

En tant que blessée, la femme est protégée par la Convention de Genève de 1864 pour l'amélioration du sort des blessés dans les armées en campagne. Prisonnière de guerre, elle est incluse dans le *Règlement* annexé aux Conventions des années 1899 et 1907 des Conventions de La Haye sur les lois et coutumes de la guerre.

Mais c'est à partir de 1929, en raison de leur implication dans le Premier conflit mondial, que les femmes jouissent d'une protection spéciale en droit international humanitaire, dans la Convention de Genève de 1929 sur le traitement des prisonniers de guerre. Cette participation augmente encore dans le Second conflit mondial[98].

Le 12 août 1949, des Conventions élaborées à Genève comprennent une trentaine d'articles spécifiquement consacrés aux femmes : la *Convention sur les prisonniers de guerre*, la *Convention relative à la protection des personnes civiles en temps de guerre*. En 1977, sur l'initiative du comité international

---

[96] Svletlana Alexievitch, *À propos d'une bataille perdue-discours de Stockholm*, Arles, Actes Sud, 2015. Voir aussi, du même auteur : *La guerre n'a pas un visage de femme*, 1985.

[97] Cf. Françoise Krill, « La protection de la femme dans le droit international humanitaire », *Revue internationale de la Croix-Rouge*, 31 décembre 1980, n° 5, p. 756 ; Judith G. Gardam, « Femmes, droits de l'homme et droit international humanitaire », *Revue internationale de la Croix-Rouge*, 30 septembre 1988, p. 831 ; Sabine Bouet-Devrieres, « La protection universelle des droits de la femme : vers une efficacité accrue du droit positif international ? », *Revue trimestrielle des droits de l'homme*, 2000, p. 454-477.

[98] Je consacre un chapitre aux femmes et à la violence, notamment au cours des conflits guerriers. Cf. Norbert Rouland, *À la découverte des femmes artistes : une histoire de genre*, *op. cit.*, p. 315-361.

de la Croix-Rouge, des protocoles additionnels sont ajoutés qui complètent les Conventions.

En résumé, le droit international humanitaire consacre le principe d'égalité entre l'homme et la femme. Mais l'interdiction de discrimination ne se confond pas avec une interdiction de différenciation : les distinctions positives en faveur des femmes ne sont pas interdites. Certaines spécificités féminines sont même reconnues : spécificité physiologique ; honneur et pudeur ; grossesse et enfantement. La violence sexuelle est particulièrement visée (à la fin du Second conflit mondial, un million d'Allemandes sont violées). Dans la mesure du possible, la peine de mort ne doit pas être prononcée contre les femmes.

Cependant, c'est davantage dans le cadre des droits de l'homme, plus que du droit humanitaire, qu'ont été accomplis les progrès les plus grands au sujet des femmes. En 1979, l'assemblée générale de l'ONU adopte à l'unanimité (malgré les réserves de l'Irak et du Maroc) la *Convention sur l'élimination de toutes les formes de discrimination envers les femmes*. En 1993, l'ONU adopte une *Déclaration sur l'élimination de la violence à l'égard des femmes*, constatant notamment qu'en cas de conflit armé, les femmes sont spécialement exposées à la violence. Par ailleurs, plusieurs rapporteurs spéciaux sont nommés dans différents domaines, dont le mandat couvre certains aspects de la condition des femmes : les violences contre les femmes, le sort des femmes en temps de guerre, l'esclavage sexuel. La quatrième Conférence mondiale des femmes, organisée par l'ONU en 1995 a reconnu le poids des conflits armés sur les femmes.

On voit donc que c'est essentiellement en matière de violences sexuelles, notamment dans les conflits armés que les droits de la femme sont particulièrement visés. Cependant, plus récemment, le champ d'application a été élargi.

La Banque Mondiale fait remarquer que lorsque l'égalité des sexes est respectée, la croissance économique est plus rapide et la pauvreté diminue.

En juillet 2010, l'Assemblée générale de l'ONU crée *ONU femmes*, une entité qui fusionne plusieurs programmes et fonds déjà dédiés à l'égalité entre les genres.

Dans la *Déclaration du Millénaire*, deux articles concernent spécifiquement les femmes : égalité des sexes et autonomisation de la femme ; amélioration de la santé maternelle (en 2005, plus de 500 000 femmes sont mortes en couches ou peu après).

Qu'en est-il de l'égalité entre les femmes et les hommes dans les droits positifs français et brésilien ?

Section II
L'égalité entre les hommes et les femmes dans les droits positifs brésilien et français

La condition de la femme au Brésil semble marquée, tout au moins pour un Français, par un décalage entre le développement des études sur le genre et le statut juridique.

A. Le Brésil

Depuis une vingtaine d'années, les études sur le genre sont devenues au Brésil un champ de recherche universitaire.

Dans les années 70, les phénomènes de migration, d'urbanisation, l'accès de plus en plus large des femmes à une formation universitaire accélèrent les changements sociaux, malgré un contexte de régime autoritaire. En 1978 se produisent deux événements charnières. À Rio de Janeiro, la sociologue Neuma Aguiar organise un séminaire « *La femme dans la force de travail en Amérique latine* ». À Sao Paulo, Carmen Barrosa coordonne à la Fondation Carlos Chagas le premier concours de dotations de recherches sur la femme brésilienne. S'en suit la constitution de groupes de travail et de réseaux spécialisés, avec l'appui constant de la Fondation Ford. Le processus s'accélère dans les années 80, après la chute de la dictature. Plusieurs femmes qui étaient en exil rentrent au Brésil, devenues féministes et ayant été en contact avec des mouvements de libération européens. De 1970 à 2007, la part des femmes sur le marché du travail passe de 18 à 65 %. De 1985 à 1989, 142 thèses sont soutenues sur le sujet à Sao Paulo. Les études sur les femmes s'élargissent de la sociologie et de la démographie au droit, à la politique, à l'histoire et aux arts. 20 groupes d'études sont présents à la Rencontre nationale qui a lieu en 1991 à Sao Paulo. En 1992 est créé un réseau de groupes universitaires de recherches sur la femme dans les régions du Nord et du Nordeste. En 1993 s'ouvre le premier programme de doctorat sur les sexes et la famille au Brésil, à l'initiative des professeurs de l'Université de Campinos. Mais ce domaine des études sur les femmes rassemble presque exclusivement des femmes...

Les femmes représentent 65 % des diplômés, mais comptent seulement pour 11 % dans le groupe des PDG, et 30 % chez les cadres supérieurs, ce qui montre l'importance des plafonds de verre.

Le bilan est plus restreint dans l'enseignement. Les cours sur la condition féminine existent surtout en troisième cycle, où sont optionnels en premier et second cycle ; leur création dépend beaucoup de l'initiative des professeurs.

La percée des femmes se produit en politique, même si la parité est loin d'être atteinte[99].

Les Brésiliennes obtiennent le droit de vote en 1932,12 ans avant les Françaises. Une loi de 1997 impose un quota de femmes de 30 % pour les élections. Mais le Brésil reste au 111e rang mondial pour la participation des femmes au gouvernement.

En 2006, 45 femmes sont députées fédérales ; elles sont davantage présentes au niveau local. Deux femmes sur 27 sont gouverneurs.

---

[99] Martine Droulers, « Femmes, vote et politique au Brésil », *Hérodote*, 1/2010, n° 136, p. 203-212.

En 1998 et 2000, deux femmes d'origines sociales très différentes sont élues maire de Sao Paulo, la plus grande ville de l'hémisphère du Sud : Luisa Erundina de Souza, Marta Suplicy, toutes deux du Parti des Travailleurs. À Maceio, en 2008, 7 femmes figurent parmi les 21 conseillers municipaux, ce qui semble le plus haut taux du pays.

En 2003, le gouvernement du président Lulla crée un Secrétariat spécial de la politique pour les femmes.

En janvier 2011, Dilma Roussef (destituée par la suite), est élue à la présidence de la République. 24 % de femmes sont ministres dans son gouvernement, ce qui est sans précédent.

En matière pénale, malgré les demandes des féministes, l'avortement est toujours prohibé, sauf dans le cas de viol et quand la vie de la mère est en danger (depuis une loi de 1940) ; ainsi que de l'anencéphalie du fœtus, depuis une décision de la Cour suprême de 2012. Le premier service d'interruption de grossesse n'a été mis en place à Sao Paulo qu'en 1989, peu de temps après la chute de la dictature. En 2011, on ne dénombre que 1626 avortements légaux. Mais à 40 ans, une Brésilienne sur cinq a subi un avortement, qui demeure une cause importante de la mortalité féminine. En Amérique du Sud, les seuls pays où l'avortement est autorisé sont l'Uruguay, depuis 2012, la Guyana depuis 1995 ; la Guyane française.

En ce qui concerne le droit privé, au début des années 80, les mouvements féministes réclament une modification du Code civil, qui a été peu rénové depuis 1962, sauf la loi sur le divorce de 1977. En décembre 1981, ces groupes demandent plusieurs réformes : la direction conjointe de la famille ; le choix du domicile conjugal par les deux époux ; l'administration des biens par chacun des membres, l'homme pouvant donner procuration à l'autre ; la responsabilité parentale en ce qui concerne les enfants au lieu du seul pouvoir paternel ; l'abrogation de l'obligation exclusive du mari d'entretien matériel du foyer conjugal ; l'abrogation de l'article permettant au mari le séquestre temporaire d'une partie des revenus de la femme ayant abandonné le domicile conjugal ; l'extension aux deux membres du groupe de l'article autorisant la femme à prendre le nom du mari.

La comparaison avec la France est nuancée et mérite un certain nombre de développements.

Globalement, avec des décalages chronologiques (la sortie de la dictature au Brésil a été longue et chaotique), et sauf en ce qui concerne l'avortement, les progrès juridiques sont à peu près les mêmes.

Il n'en va pas de même en ce qui concerne la recherche et l'enseignement sur le genre.

B. La France

En France, les études sur le genre, et plus encore sur la virilité, sont peu nombreuses[100]. Mais il faut en citer une récente qui a eu à juste titre un grand succès[101]. Elle démontre de façon très convaincante que la domination masculine a nui non seulement aux femmes mais aux hommes.

Le système patriarcal, qu'Olivia Gazalé préfère nommer à juste titre le viriarcat, fait peser sur les hommes de lourdes obligations, surtout dans la mesure où il les persuade que ces obligations ont en large partie pour origine des exigences féminines.

Il introduit donc une double asymétrie : un pouvoir des hommes sur les femmes et ce que j'appelle des dettes de virilité des hommes envers les femmes.

Quelles sont ces dettes de virilité ?

---

[100] À propos de la masculinité, cf. Alain Corbin, Jean-Jacques Courtine et Georges Vigarello, *Histoire de la virilité*, Paris, éditions du Seuil, 2011, 592 p.
[101] Cf. Olivia Gazalé, *Le mythe de la virilité : un piège pour les deux sexes*, Paris, Robert Laffont, 2017, 418 p. Cf. également « L'éternel masculin », *Cahier du Monde*, n° 22 786,15-16 avril 2018 ; Norbert Rouland, *L'égalité entre les femmes et les hommes : une éthique pour le XXIe siècle* ?, à paraître fin 2018 dans la revue de l'université de Belo Horizonte et dans la revue russe *Sententia*.

Tout d'abord, évidemment, la puissance sexuelle, qui n'est que l'autre face de la domination masculine dans le domaine social et politique. Les Romains le disaient clairement : le bon citoyen doit jouer un rôle actif dans les relations sexuelles, que ce soient des relations hétérosexuelles ou homosexuelles. Et celui qui est passif dans ces relations ne peut être un bon citoyen.

Cette puissance passe notamment par les dimensions du phallus. Celle-ci sont exagérées dans bien des figurations, notamment parce qu'elles étaient censées porter bonheur. Mais de manière apparemment contradictoire, la statuaire antique nous met en face de corps masculin musclés et de large carrure avec des sexes de dimensions plus petites. On saisit la tension entre les exigences imposées aux hommes. D'un côté, manifester la puissance. Mais de l'autre aussi, maîtriser leurs pulsions. Le petit dieu Priape souffre d'une érection douloureusement continue, c'est un enfant monstrueux, rejeté par sa propre mère, la belle Aphrodite, en raison de son membre qualifié de *terribilis*. Toujours à Rome, une épouse qui trouvait son mari un peu trop pressant d'un point de vue sexuel (*uxoriosis*) pouvait s'en plaindre à son beau-père, et même l'assigner devant un tribunal.

Si l'homme doit donc maîtriser ses pulsions, la femme n'en est jamais capable. Ainsi s'explique que son sexe n'est presque jamais représenté, car il est source de tous les désordres. *L'Origine du monde*, de Courbet, maintenant au musée d'Orsay, était une commande privée d'un diplomate amateur de femmes.

Mais non seulement le phallus doit être d'une certaine taille, mais il doit aussi être capable d'érection, ce qui ne dépend pas de la volonté, et doit donc être cherché du côté d'une prédisposition naturelle à la virilité.

À l'heure actuelle, en France, 36 % des hommes déclarent souffrir de troubles de l'érection[102], qu'ils soient occasionnels ou majeurs[103], ce qui est le handicap sexuel le plus fréquemment

---

[102] Cf. le roman de Romain Gary, *Au-delà de cette limite votre ticket n'est plus valable*, 1975, où il décrit un homme hanté par la peur de perdre son érection. Si l'on fait dans *Google* une recherche sur « virilité », apparaît une publicité sur un médicament permettant des érections plus rigides et plus durables.

[103] Cf. P. Brenot, *op. cit.*, p. 291.

cité. D'autres enquêtes font état de pourcentage plus élevé, de l'ordre de 44 % à 47 %[104].

Dans l'art paléolithique, dans près de la moitié des cas, les représentations masculines sont ithyphalliques[105], ce qu'on peut interpréter au moins comme une préoccupation.

Pour Saint Augustin, il n'y a qu'au Paradis que l'homme pouvait déclencher à son gré ses érections[106]. Mais une fois hors du Jardin d'Eden, après le péché originel, il en ira tout autrement. Une telle affirmation peut nous faire sourire. Il faut la replacer dans son contexte. Dans sa jeunesse, Augustin nous dit lui-même : « *Je vins à Carthage ; partout autour de moi crépitait la chaudière des honteuses amours* ». Par la suite, il entame une liaison avec une femme dont il eut un fils, liaison qui dura quinze ans. Il a donc eu une vie sexuelle. Et sans doute connu des moments ou des périodes d'impuissance. Il tente de les comprendre. Il constate que la plupart de nos gestes quotidiens sont déterminés par notre volonté. Mais « *s'agit-il au contraire des membres générateurs,* [l'homme] *éprouvant lui-même une révolte continuelle ; souvent ce qu'il voudrait il ne le fait pas, et ce qui ne voudrait pas il le fait* ». Il s'agit donc du stigmate de l'imperfection de notre monde, celui d'après la Faute. Fort logiquement, il imagine qu'au Paradis il en allait autrement :

« *Quant à la génération, elle aurait pu s'opérer sans aucune rébellion des sens, comme beaucoup d'œuvres s'opèrent dans le calme complet des membres, dirigés par l'impulsion de la volonté, et complètement étrangers aux ardeurs de la passion.* »

Interviennent aussi probablement au niveau inconscient des représentations culturelles liées à des pratiques matérielles.

---

[104] Cf. Mylan, *Enquête de l'IFOP multi pays sur la satisfaction sexuelle*, juin 2013, Département Opinion, d'après des enquêtes effectuées entre mai et juin 2013 en France, en Italie et en Belgique, contact : damien.philippot@ifop.com. Malgré tout, 68 % des Français, 70 % des Italiens et 65 % des Belges se déclarent satisfaits de leur vie sexuelle.

[105] Cf. J.-P. Demoule, *op. cit.*, p. 177.

[106] Augustin, *La Cité de Dieu*, XIV, 16. Cf. Stephen Greenblatt, « Quel péché ont commis Adam et Ève ? Et Augustin inventa le sexe », *Le Monde des religions*, novembre- décembre 2017, n° 87, p. 36-41.

L'ethnologue André Georges Haudricourt[107] a ainsi remarqué que les agriculteurs occidentaux ont eu un rapport brutal avec le blé (coupé, battu, broyé) et ont longtemps conçu le corps comme séparé de l'âme. À l'inverse, les Asiatiques ont cultivé des plantes comme l'igname, le tarot et le riz qui exigent des traitements soigneux et indirects ; parallèlement, ils ont conçu des philosophies intégrant davantage l'esprit et le corps, ainsi que des sexologies et des pratiques sexuelles plus raffinées.

En tout cas l'angoisse de l'homme débiteur est toujours possible, latente. Qui peut être justifiée par l'existence de certaines procédures.

Le tribunal de l'impuissance a ainsi été très actif en France du XVIe au XVIIIe siècle[108]. Le mariage doit être consommé. Le mari peut être sommé de faire la preuve publique de la « tension élastique » de son sexe en se livrant à l'acte sexuel en face de cinq matrones et cinq médecins. C'est l'épreuve dite du *Congrès*. Apparemment, la plupart échouait si bien que cette épreuve fut abolie en 1677 et remplacée par un examen des organes génitaux.

Bien sûr, il n'est plus question à l'heure actuelle de telles procédures.

Cependant, l'angoisse masculine de la dette de virilité est toujours présente. Les préoccupations tournant autour de l'érection sont en effet plus fortes chez les hommes que chez les femmes, les premiers les citant deux fois plus que les secondes[109]. Dans le même sens, 57 % des femmes disent que la taille du pénis n'est pas importante, alors qu'elles pensent que ce critère est primordial pour 95 % des hommes[110]. 44 pour cent d'entre elles se disent très satisfaites de leur sexualité contre 34 % des hommes[111].

---

107 Cf. J.-P. Demoule, *op. cit.*, p. 26.

108 Cf. Pierre Darmon, *Le Tribunal de l'impuissance : virilité et défaillance conjugale dans l'ancienne France,* Paris, Le Seuil, 1979.

109 Cf. Mylan, *op. cit.,* p. 20.

110 Cf. Philippe Brenot, *Les femmes, le sexe et l'amour*, éditions Les Arènes, 2012.

111 *Ibid.*

Je remarque par ailleurs que les rapports physiques sont une des obligations du mariage, à défaut d'en être un des plaisirs. Le devoir conjugal existe toujours. Si l'amour n'est juridiquement pas une obligation du mariage, l'exercice de la sexualité suivant une certaine fréquence en est une.

Ce devoir [les relations sexuelles] ne peut être contraint, sauf à constituer un viol entre époux[112] et à transformer « *la plupart des mariages en prostitution jurée*[113] ». À ce sujet, la présomption de consentement des époux rapports sexuels a été supprimée par la loi du 9 Juillet 2010 (article 36) relative aux violences faites aux femmes, aux violences au sein du couple, et aux incidences de celles-ci sur les enfants.

Toutefois, le juge civil peut relever l'absence de relations sexuelles comme un comportement fautif. C'est ainsi que la Cour d'appel d'Aix-en-Provence[114] a pu prononcer un divorce aux torts exclusifs de l'époux, condamné à indemniser son épouse à hauteur de 10 000 €, au motif que « *la quasi-absence de relations sexuelles pendant plusieurs années, certes avec des reprises ponctuelles, a contribué à la dégradation des rapports entre époux* ». Aussi « *les attentes de l'épouse étaient-elles légitimes dans la mesure où les rapports sexuels entre époux sont notamment l'expression de l'affection qu'ils se portent mutuellement, tandis qu'ils s'inscrivent dans la continuité des devoirs découlant du mariage.* »

D'après d'Anatoly Kovler, Professeur à l'Université Lomonosov, Moscou, ancien juge russe à la Cour européenne des droits de l'homme, cet arrêt aurait été sanctionné par le juge européen s'il était parvenu jusqu'à lui :

---

[112] Reconnu par la Cour de cassation en 1990 : Crim., 5 septembre 1990, D. 1991, p. 13. En 1992, la Haute juridiction confirme sa position en admettant le viol en absence de coups et blessures : Cass., crim., 11 juin 1992, Bulletin criminel 1992, n° 232, *D.*, 1993, p. 117.

[113] George Sand, *La comtesse de Rudolstadt*, Alphonse Lebègue et Sacré Fils, tome trois, 1844, p. 47. [Elle disait aussi : « *Jamais dans ma vie je ne suis restée plus de deux ou trois jours sans aimer* »].

[114] Cour d'appel d'Aix-en-Provence, sixième chambre B, 3 mai 2011, n° 2011/292, RG 09/05 752.

« L'article 8 de la Convention européenne est concerné de deux manières : violation alléguée de la vie personnelle en étalant au grand public et manquements aux obligations de l'État de protéger les données personnelles. Le requérant pourrait aussi évoquer l'article 3 (traitement inhumain et dégradant) à cause des souffrances subies par lui. Les 10 000 € de dommages-intérêts tombent sous l'effet de l'article premier du Protocole premier de la Convention (protection de la propriété). »[115]

Mais la rareté ou l'inexistence des relations sexuelles peuvent-elles être interprétées par le juge comme le signe d'un manque d'amour ?

Nul devoir d'amour n'est prévu par le Code civil. L'amour ne peut être exigé par les partenaires qui doivent, en cas de défaut des sentiments, se contenter d'un effet *placebo* au travers de la fidélité, du respect, de l'assistance et du secours. Comme produisant un substrat rationnel des sentiments, le droit indique quel doit être l'effet objectif des noces.

Le droit ne peut forcer des couples à s'aimer. Alors qu'un époux reprochait à son épouse un manque caractérisé d'affection et de tendresse, une cour d'appel lui a rappelé de ne pas confondre mariage et amour, en affirmant que :

« le manque d'affection et de tendresse ne peuvent constituer non plus une [violation des droits et devoirs du mariage]*, les sentiments ne pouvant résulter d'une obligation et seuls les comportements devant être pris en compte. »*[116]

Il n'y a pas de norme d'amour, il n'y a pas de standard d'affection. Comme un excipient au dosage incertain, l'amour est traité par le droit conjugal avec précaution, tel un auxiliaire facultatif du couple. Sans être le but poursuivi par l'institution du mariage, il est toutefois difficile de nier l'influence du sentiment sur l'esprit qui anime le modèle d'union préconisé par le droit. S'il n'est pas nécessairement la substance de la relation matrimoniale, il en est quelque par la coquille.

---

[115] Correspondance entre A. Kovler et l'auteur.
[116] Cour d'appel de Paris, 17 septembre 2008, n° 07/176 22.

J'ai discuté de cet arrêt avec mes étudiantes de Master. D'un point de vue juridique, puisque les rapports sexuels sont une des obligations du mariage, il est inévitable que le juge soit appelé à sanctionner leur fréquence. Et même à devoir définir une certaine norme (en général, deux fois par semaine, ce qui correspond d'ailleurs à ce que l'on trouve sous l'Ancien Régime dans les sentences des tribunaux ecclésiastiques).

En revanche, d'un point de vue humain, l'opinion était que cette question était trop intime pour pouvoir être tranchée par le juge. Faudrait-il donc ôter les rapports physiques de la liste des obligations du mariage ? Le débat est ouvert.

Autre preuve, mais *a contrario*, de l'obligation de puissance, bien connue aujourd'hui des urologues. Quand un homme est atteint d'un cancer de la prostate, maladie grave mais relativement banale, il peut vouloir différer, voire éviter (cela a été le cas de François Mitterrand, comme on le sait très porté sur les relations sexuelles) la prostatectomie car les séquelles de cette intervention, à des degrés divers, affectent la puissance sexuelle et peuvent même condamner à l'impuissance[117].

Mais on peut aller plus loin dans les exigences imposées aux hommes. Il faut non seulement avoir des rapports sexuels, mais il faut qu'ils soient d'une certaine qualité, c'est-à-dire qu'ils contribuent au plaisir féminin, peut-être même à l'orgasme de la partenaire.

Cette préoccupation apparaît au début du XXe siècle[118], se renforce à partir de la fin des années soixante. C'est ce qu'Olivia Gazalé appelle le devoir de performance (que Philippe Brenot identifie comme générateur de beaucoup de difficultés masculines et de tensions dans le couple[119]) :

---

[117] Dans un autre registre, souvenons-nous qu'il n'y a pas si longtemps la terminologie médicale qualifiait les nerfs érectiles de « *nerfs honteux* ».
[118] Cf. Olivia Gazalé, *op. cit.*, p. 300.
[119] Cf. Philippe Brenot, *Les hommes, le sexe et l'amour*, Paris, éditions des Arènes, 2011, p. 249.

« *Ce devoir de performance est d'autant plus anxiogène que jamais l'homme ne parviendra à approcher l'infini de l'orgasme féminin, ni à l'extorquer de force à sa partenaire ni à s'assurer qu'il n'est pas simulé. La femme lui échappera toujours…* »

Et cette obligation est sanctionnée par la jurisprudence, d'une manière remarquablement précoce, dans un arrêt de la Cour d'appel de Lyon en 1956. Est fautif le fait pour un époux d'avoir « *entretenu des rapports si imparfaits qu'ils ne procuraient à sa femme ni espérance de maternité, ni plaisir* »[120].

Autre obligation que l'on peut tirer de la nature : celle de l'interdiction des rapports homosexuels, qui fut longtemps juridique. L'homosexualité était un crime jusqu'à la Révolution française. Elle trouvait un de ses fondements dans le fait qu'ils ne pouvaient conduire à la reproduction, alors que manifestement, les différences anatomiques entre les hommes et les femmes sont là pour ça. Le plaisir éprouvé dans ces relations serait une sorte de ruse de la nature pour y conduire, mais pas le fondement. D'un point de vue anatomique, l'observation est juste. Mais elle se heurte au fait mille fois avéré que l'homme a toujours manipulé la nature, qui n'est en elle-même ni bonne ni mauvaise. Elle nous est indifférente.

La médecine et la chirurgie, l'industrie pharmaceutique, contribuent la plupart du temps heureusement à contrecarrer la nature.

Mais aujourd'hui, dans la partie restreinte du monde qui est la nôtre, ce modèle du viriarcat semble en perte de vitesse. Non seulement l'homme n'est plus le chef de famille, la transmission patrilinéaire du nom s'est-elle affaiblie, le travail féminin s'accroît-t-il, mais ce système est atteint dans certains de ses fondements idéologiques.

La force physique n'est plus autant valorisée qu'auparavant : au cinéma, on constate que les héros sont souvent fatigués. C'est le cas de Robert De Niro dans *Raging Bull* et de Sylvester Stallone

---

[120] Cour d'appel de Lyon, 28 mai 1956, *D.*, 1956, p. 546.

dans *Rocky.* Dans *Little Big Man*, Dustin Hoffman avait campé un antihéros, inversant les figures du western.

Le guerrier n'est plus à la mode. La violence n'est plus idéalisée : *Peace and love*, *Faites l'amour, pas la guerre*, disait-on en des temps qui n'étaient pas ceux du *djihad.* De plus, malgré les apparences de l'immédiateté, à notre époque, bien des indices illustrent une baisse continue de la violence[121]. Aux États-Unis, les viols et les agressions sexuelles, les violences conjugales ont beaucoup baissé entre 1992 et 2012. Le fait qu'à l'heure actuelle le harcèlement sexuel soit de plus en plus fréquemment dénoncé montre bien qu'il est perçu comme étant anormal. Depuis 1975, en France, la notion de viol a été élargie et les viols sont plus lourdement sanctionnés.

Les pères s'investissent de plus en plus dans l'éducation de leurs enfants, sans qu'il soit besoin de recourir à un instinct paternel.

Cela ne signifie évidemment pas pour autant que le viriarcat a disparu. Dans bien des pays, il reste la norme. En Russie, la propagande autour de Vladimir Poutine met en scène un homme qui possède tous les attributs de la virilité.

En France, ce sont encore les femmes qui accomplissent la plus grande partie des tâches ménagères. L'écart salarial est de 18 % entre les hommes et les femmes.

Il reste que les signes de changement sont plus nombreux que ceux d'un retour au passé. Mais il s'agit là de recherches à caractère sociologique ou historique. Les théories du genre ont particulièrement mauvaise presse chez les juristes, qui ne les connaissent d'ailleurs que très peu ou pas du tout. Il y a une dizaine d'années, l'inscription dans la Constitution d'une différenciation sexuée en ce qui concerne la participation à la vie politique a été très difficile et s'est accompagnée de vives polémiques, entre les féministes classiques, avec à leur tête Élisabeth Badinter, qui était opposée à la réforme et au principe des discriminations positives au profit des femmes, au motif que l'égalité passe par l'indifférenciation des sexes ; et les féministes

---

121 Cf. Steven Pinkler, *La part de l'ange en nous : histoire de la violence et de son déclin*, Paris, Les Arènes, 2017, 1041 p.

différentialistes, soutenus par Sylviane Agacions, la compagne du Premier ministre de l'époque, Lionel Jospin. Le nombre des parlementaires femmes en 2002 était de 12,3 % ; en juin 2007, il est passé à 38,8 %. Dans le gouvernement d'Édouard Philippe de juin 2017, la parité est strictement respectée : sur dix-huit ministres, neufs sont des femmes (dont Sylvie Goulard, ministre des Armées) ; sur quatre secrétaires d'État, deux sont des femmes.

L'avortement, à la différence du Brésil, est autorisé depuis 1975 et on a récemment supprimé de sa réglementation la clause de détresse.

L'essentiel des réformes concernant la condition juridique de la femme a été accompli dans le dernier quart du siècle précédent. Cependant, il faut signaler quelques textes récents.

En 2004 est promulguée une nouvelle loi sur le divorce. Le versement de la prestation compensatoire, destinée à compenser *autant qu'il est possible* la disparité que la rupture du mariage crée dans les conditions de vie respectives est décrochée de la notion de faute. Le conjoint innocent peut être condamné à verser une prestation s'il est plus riche que le conjoint coupable. Une telle orientation est choquante, même si elle est tempérée par la jurisprudence, mais elle a été évidemment bien accueillie par les féministes, dans la mesure où les salaires féminins, à niveau égal de compétence, ont tendance à être moindres que les salaires masculins.

Dans le même sens, et même s'il s'agit de dispositions plus anciennes, il faut mentionner que la pension de réversion (40 % de la retraite) bénéficie au conjoint de la personne disparue, qui est en général l'épouse, puisque les femmes vivent plus âgées, *cela même en cas de divorce*. On pouvait comprendre cette mesure dans le cadre d'une société maintenant disparue, où les femmes des milieux aisés ne travaillaient pas. Aujourd'hui, cela heurte aussi le sens de la justice ; il serait préférable que le versement de la pension de réversion bénéficie aux enfants du couple, s'il y en a.

Protégeant le plus souvent des femmes, il faut citer les lois réprimant le harcèlement sexuel et moral au travail. Une loi du 2 novembre 1992 (Code pénal, article 222-33) édicte : « *Le fait de harceler autrui* [...] *dans le but d'obtenir des faveurs de nature sexuelle, par une personne abusant de l'autorité que lui confèrent ses fonctions, est puni d'un an d'emprisonnement et de 100 000 F. d'amende* ». 10 ans plus tard, une loi du 17 janvier 2002 (Code du travail, article L. 122-46 et L. 122-49) crée le délit de harcèlement moral, « *visant des agissements répétés ayant pour objet ou pour effet une dégradation des conditions de travail susceptible de porter atteinte aux droits et à la dignité d'autrui.* »

Certaines mesures législatives récentes sont en rapport avec l'immigration musulmane : il y a en France environ 5 millions de musulmans, installés en France depuis plus ou moins longtemps. La grande majorité est pacifique, mais des terroristes se sont manifestés récemment de façon très agressive, le nombre des départs au *djihad* s'accroît (mais un quart des personnes partantes, dont des femmes, revient) ce qui a justifié la proclamation de l'état d'urgence et la modification de la Constitution.

Ces mesures concernent essentiellement le port de certains vêtements et le législateur est intervenu pour déterminer lesquels représentaient des signes religieux trop ostentatoires. Une loi du 15 mars 2004 édicte que dans les écoles, les collèges et lycées publics le port de signes ou tenues manifestant ostensiblement une appartenance religieuse est interdite (cela ne vaut pas pour les établissements privés). En revanche, en dépit de débats actuels, cette prohibition ne vaut pas pour l'université. Mais de manière générale, le port de la *burka* est interdit, une prohibition assez souvent violée dans la pratique, dans certains quartiers. Ici encore, il appartient aux juristes de définir la juste mesure. Il est exact que le port de certains vêtements par les musulmans est polysémique : il ne signifie pas nécessairement le rejet des droits fondamentaux. Il est normal que les appartenances culturelles soient retenues mais à condition que les valeurs fondamentales de la société d'accueil ne soient pas contredites, et que les forces de l'ordre puissent identifier le visage de toute personne.

En ce qui concerne la liberté d'expression, le droit français admet les critiques contre les religions et prohibe les injures aux personnes pour des motifs religieux. Le blasphème et la caricature sont donc permis.

L'excision est également condamnée. Celle-ci est pratiquée en France par des immigrés de confession musulmane, même si elle n'est nullement prescrite dans le Coran, et qu'elle était pratiquée en Europe et aux États-Unis au XIXe siècle et au début du XXe siècle pour contenir la masturbation féminine. Il reste qu'une ordonnance du 19 septembre 2000 (Code pénal, article 222–9 et suivants) édicte : « *Les violences ayant entraîné une mutilation ou une infirmité permanente sont punies de 10 ans d'emprisonnement et de 150 000 € d'amende, et de 15 ans de réclusion criminelle lorsque l'infraction est commise sur un mineur. Ces dispositions sont applicables lorsque l'excision est pratiquée par une femme de nationalité française, hors du territoire, par un Français ou par un étranger.* »

Observons aussi que dans son passé la France a été plutôt en retrait par rapport à d'autres pays en ce qui concerne ce principe d'égalité.

La Révolution française passe pour avoir joué un grand rôle dans la propagation des droits de l'homme. L'emploi de ce dernier terme est significatif. Dans quelle mesure englobe-t-il les droits de la femme ?

Contre le droit de l'État qui, conformément aux mœurs, considérait comme déterminant l'accord des parents, l'Église catholique a toujours affirmé le consensualisme du mariage. Mais c'était un consensualisme sans retour, dans la mesure où le divorce, et donc le remariage étaient interdits. Cependant, au XVIIIe siècle, de nouvelles idées circulent au sein de la bourgeoisie et dans une partie de la haute noblesse. Le divorce doit être possible : ce que le consentement a fait, il peut aussi le défaire. Et ce droit au divorce appartient autant à la femme qu'à l'homme. Montesquieu s'illustre particulièrement dans cette critique de l'indissolubilité du mariage.

Ce fut un époux volage. Il écrit :

« *J'ai été, dans ma jeunesse, assez heureux pour m'attacher à des femmes que j'ai cru qui m'aimaient. Dès que j'ai cessé de le croire, je m'en suis détaché soudain.* »[122]

Ce n'était donc pas un romantique… Du moins quand il écrivait à tête reposée. À d'autres moments, sa correspondance peut être beaucoup plus enflammée, comme cette lettre qu'il écrit en 1726 – il avait trente-sept ans, un âge avancé pour l'époque – à Mme de Villerville :

« *Je suis encore dans l'horrible état où nous étions quand nous nous séparâmes* […]. *Ton trouble te permit-il de t'apercevoir de tout le mien ?* […] *Que je souffris ! Si j'avais pu, en te quittant, te bien peindre mon désespoir, j'aurais trouvé de la consolation à te faire voir que je ne suis pas indigne de ton amour. Je crains toujours de ne t'avoir pas fait connaître tout le mien. J'ai dit un million de fois que je t'aime avec fureur… Je voudrais mourir en te le disant !* »

Un autre Montesquieu que celui des juristes[123]? Pourtant, c'est le même homme.

Son épouse, Jeanne de Lartigue, ne l'en aimait pas moins. Elle lui écrit en 1742 ou 1743. Nous ne savons pas si elle était belle, mais au moins qu'elle avait-elle de l'esprit… et des sentiments pour son mari coureur de jupons, une fois de plus loin de son domicile :

« *Je veux croire contre les apparences, mon cher ami, que mes lettres te font plaisir. C'est pour cela que je ne veux pas laisser partir Vigneau* [un domestique] *sans t'assurer que je t'aime comme ma vie. Tu m'as fait des impressions ineffaçables et je sens bien que je ne saurais changer jamais. Que je serais heureuse si je pouvais me flatter que tu es le même à mon égard.*

---

[122] Cité par Jean Lacouture, *Montesquieu : les vendanges de la Liberté*, Paris, éditions du Seuil, 2003, p. 86.

[123] Sur les rapports de Montesquieu avec la musique, cf. Christian Bruschi, « Musique et Société dans l'œuvre de Montesquieu » in P. Signorile (dir.), *Hommage à Norbert Rouland, Entre normes et sensibilité : droit et musique*, *op. cit.*, p. 241-260.

Mais enfin, quand même cela ne serait pas, tu me fais un plaisir infini de me le dire. Je suis ravie lorsque je reçois de tes lettres, et sans examiner si ce que tu me dis d'obligeant est bien sincère, je m'abandonne à des transports de joie que je ne saurais exprimer.

Adieu mon cher ami, je t'aime cent fois plus que tu ne m'aimes ; tu verras à ce compte que je suis bien prodigue ; je ne le serais pas autant si tu le méritais moins [...]. *Adieu, je suis plus à toi qu'à moi-même.*

P.-S. : Mes amitiés à la belle Denise, supposé qu'elle ait toujours autant de part dans tes bonnes grâces que par le passé. Je t'embrasse de tout mon cœur. Je ne t'écrirai d'un an si tu ne m'écris pas. »[124]

Par ailleurs, dans le théâtre (notamment Marivaux) et le roman, apparaissent depuis 1730 des idées neuves : le mariage d'amour. Le choix matrimonial ne doit pas seulement dépendre des hasards de la naissance.

L'instauration du divorce, en 1792, correspond pratiquement à la naissance de la Ière République. Il comprend notamment une innovation qu'on ne rencontrera plus par la suite, le divorce pour incompatibilité d'humeur ou de caractère. De plus, le recours au juge n'est pas obligatoire. L'homme et la femme sont placés sur un pied d'égalité. Et ce sont majoritairement les femmes qui vont demander le divorce. Une constante : à l'heure actuelle, dans les pays de l'Union européenne, les demandes de divorce émanent à 75 % des femmes. La violence physique des époux est souvent incriminée. À l'heure actuelle, en France, tous les trois jours une femme meurt à la suite d'actes de violence conjugale.

Deux ans plus tard, les 6 et 10 janvier 1794 intervient une réforme du droit des successions, là encore en faveur des femmes. Contre la plupart des coutumes de l'Ancien Régime, elle affirme l'égalité absolue entre garçons et filles, prohibe définitivement les pratiques d'exclusion des enfants dotés, supprime le droit d'aînesse. De plus, elle possède un caractère rétroactif. Car ces

124 *Ibid.*, p. 58-59.

mesures sont considérées reposant sur des droits naturels imprescriptibles.

En revanche, la femme est exclue des droits civiques. Les femmes n'auront d'ailleurs le droit de vote en France qu'en 1944, une dizaine d'années après les femmes turques et après les Brésiliennes.

En effet, la Révolution applique strictement la règle de démarcation des espaces, qui sera encore plus affirmée au XIXe siècle : à la femme les activités domestiques et familiales ; à l'homme celles à caractère public. Ce n'est pas par hasard qu'on qualifie aussi les prostituées de femmes publiques. C'est en vain qu'Olympe de Gouges rédigera une Déclaration des droits de la femme. Elle affirmait notamment que puisque les femmes avaient le droit de monter à l'échafaud, elles devaient avoir celui de monter à la tribune. Elle fut en effet guillotinée, ayant pris le parti des Girondins.

Accédant au pouvoir quelques années après, Bonaparte déclarait que la Révolution était terminée. Le Code civil de 1804 devait en effet revenir à une conception plus rigoriste du divorce (le remariage avec le ou la complice de l'adultère est interdit) et réinstaurer l'inégalité entre la femme et l'homme en matière d'adultère.

C'en est fini de la féminisation des élites, qui marqua le XVIIIe siècle[125]. Au cours du XIXe siècle se produisent en effet un raidissement et une sexualisation des émotions. L'émotion devient un signe de faiblesse et ne peut donc plus concerner les hommes. Un homme ne doit pas pleurer. De surcroît, elle est assignée aux classes inférieures qui, comme les femmes, ne savent pas se maîtriser. Comme le note très bien Agnès Walch, la divergence sexuelle se superpose à la fracture sociale et correspond à la montée de la bourgeoisie et à son mépris des classes inférieures. Les stéréotypes de genre ont mis fin à la

---

[125] Cf. Agnés Walch, « De l'âme sensible à l'avènement scientifique des émotions : la densification des émotions dans la sphère privée » in Alain Corbin (dir.), *Histoire des émotions : des Lumières à la fin du XIXe siècle*, Paris, éditions du Seuil, 2016, p. 206.

féminisation des élites et à la valorisation des âmes sensibles par les Lumières au XVIIIe siècle.

Il faudra attendre encore deux siècles pour qu'en France des mesures juridiques instaurent l'égalité entre la femme et l'homme.

Le Brésil est resté davantage marqué que la France par la religion chrétienne. Dans quelle mesure celle-ci et plus largement les religions sont-elles responsables de la minoration des femmes ?

Section III
La minoration de la femme dans les religions

La naissance de l'agriculture et de l'élevage au début de l'époque néolithique, paraît avoir conduit à l'affirmation de la masculinité. La figure du taureau, le mâle reproducteur apparaît dans diverses mythologies : en Inde il sera la monture de Shiva ; en Grèce, un des symboles de Zeus. Par la suite, à partir du troisième millénaire avant notre ère, la puissance des dieux mâles s'affirme. La hiérarchisation des sociétés autour des hommes engendre des panthéons à dominante masculine : Amon Ré en Égypte, Zeus en Grèce, Jupiter à Rome.

En Inde, la mère du Bouddha meurt alors qu'il n'a que trois ans. Ananda est son cousin germain et son frère de lait, ils sont élevés par Mahaprajapati, la tante du Bouddha. Vieillissante, celle-ci s'inquiète de ne pouvoir échapper au cycle des réincarnations en raison de son sexe. Ananda plaide sa cause auprès du Bouddha, qui dans un premier temps, refuse de l'accepter dans les ordres. Finalement, il capitule et autorise aux femmes cet accès, à la condition expresse qu'elles demeurent sous la tutelle d'un abbé mâle. Il n'en déplore pas moins sa propre décision, car, dit-il, elle va accélérer le moment de la fin des temps d'environ 500 ans. L'extrême imperfection de la nature féminine va en effet corrompre le règne de la Loi correcte et accélérer la venue de l'Apocalypse : mille ans de Loi correcte (maintenant 500), mille ans de Loi dévoyée, mille ans d'Apocalypse. Soit 2500 ans après la mort du Bouddha : c'est-à-dire l'époque actuelle.

De nombreux bouddhistes estiment que le corps féminin ne permet pas d'atteindre l'Éveil. Au VIIIe siècle, Shantideva inclut cette prière dans *La Marche vers l'Éveil* : « *Que tous les êtres féminins arrivent au sexe masculin !* » (Chapitre 10, verset 30).

Dans les monothéismes, une convergence s'affirme dans la discrimination des femmes.

Dans les religions du Livre, les règles (un état perçu négativement dans la plupart des cultures[126]) sont impures et viennent de la malédiction ayant frappé Ève. Dans les lois juives, pendant ses règles, la femme est *nidda* (exclue). Il est interdit d'avoir des rapports sexuels avec elle et même de la toucher. Dans l'islam et le christianisme, les relations sexuelles pendant la période des règles sont interdites[127].

Dans le judaïsme, les accouchées aussi sont impures : la Vierge se rend à Jérusalem quarante jours après la naissance de Jésus pour faire une offrande purificatrice. Chez les catholiques, la cérémonie des relevailles a parfois persisté jusque dans les années 1960. Les femmes mortes en couches ne peuvent pas être enterrées dans la partie commune du cimetière, ce qui soulève l'indignation de Luther.

Chez les juifs orthodoxes, seuls les hommes étudient la Torah.

La plupart des Pères de l'Église sont convaincus qu'au Paradis, la femme se résorbera dans le masculin. La reproduction n'ayant plus de sens, elle perdra ses organes, alors que l'homme restera inchangé.

---

[126] « *Mais difficilement trouvera-t-on rien qui soit aussi malfaisant que le sang menstruel. Une femme qui a ses règles fait aigrir le vin doux par son approche, en les touchant frappe de stérilité les céréales, de mort des greffes, brûle les plants des jardins ; les fruits de l'arbre contre lequel elle s'est assise tombent, son regard ternit le poli des miroirs, attaque l'acier et l'éclat de l'ivoire ; les abeilles meurent dans leur ruche ; la rouille s'empare aussitôt de l'airain et du fer, et une odeur fétide s'en exhale ; les chiens qui goûtent de ce sang deviennent enragés* » (Pline, *Histoire naturelle*, VII, 15).

Au bout de quelques siècles, le chant des femmes ne sera plus autorisé dans l'Église catholique. Il faudra attendre une décrétale de 1963 pour qu'il redevienne licite.

Clément d'Alexandrie, qui vécut au troisième siècle, affirme : « *La conscience même de leur nature ne doit évoquer en elles qu'un sentiment de honte.* »[128]

Pour Thomas d'Aquin, mort en 1274, la femme correspond « *au second dessein de la nature, de même que la putréfaction, la difformité et la décrépitude* »[129].

Albert le Grand, mort six ans plus tard, déclare de son côté :

« *La femme est moins qualifiée que l'homme pour la morale. Car la femme contient plus de liquide, et c'est une caractéristique des liquides d'absorber facilement, mais de mal retenir* [...]. *La femme est un homme raté, par rapport à l'homme, elle ne possède qu'une nature défectueuse et imparfaite* [...]. *Aussi doit-on en résumé se garder de chaque femme comme d'un serpent venimeux ou du diable cornu... son sentiment pousse la femme vers ce qui est mauvais, de même que sa raison entraîne l'homme vers ce qui est bon.* »[130]

Dans le christianisme, la recherche du plaisir physique est longtemps condamnée. Au point qu'on reproche à l'homme qui aime trop sa femme (entendons sur le plan sexuel) d'être adultère et de la traiter comme une prostituée. Pour Thomas d'Aquin : « *Rien ne fait chuter l'esprit de l'homme de son élévation autant que les caresses de la femme et le contact physique, sans lequel il ne peut posséder son épouse.* »[131]

À l'heure actuelle, contre toute raison, l'Église catholique proscrit toujours le célibat des prêtres.

Sur ce point, le judaïsme et l'islam sont moins rigoristes, mais c'est le désir de l'homme qui prime : « *Vos femmes sont votre*

---

[128] *Paedagogus*, II, 33, 2.
[129] *Summa Theologiae,* q 52a1ad2.
[130] *Quaestiones super de animalibus,* XV, q11.
[131] *Ibid.,* II/II q 151a3ad2.

labour, allez à votre labour de la façon que vous voulez »[132] . Au paradis, les hommes seront comblés par des vierges, mais rien n'est prévu pour les femmes : « *Près d'eux seront les houris aux beaux yeux noirs, pareilles aux perles dans leur nacre* »[133].

La plupart des *hadith* transmis par Aïcha, l'épouse du Prophète sont rejetés au profit des locuteurs masculins.

Cette péjoration de la femme ne correspond pas à la vie de Jésus, ni à celle de Mahomet : les religions tombent peut-être du ciel, mais sur un terrain déterminé, qui est celui du patriarcat méditerranéen. Plusieurs épisodes des *Évangiles* mettent en scène des femmes : Marie-Madeleine, qui verse du parfum sur les pieds de Jésus en dénouant ses cheveux ; la femme adultère, que Jésus sauve de la mort et lui dit qu'il ne la condamne pas ; la Samaritaine, qui croit à son enseignement ; les femmes qui sont les premières à le voir dans son corps ressuscité. Les *Évangiles* nous disent aussi que beaucoup de femmes suivaient Jésus depuis la Galilée. De nombreux textes mentionnent que des femmes ont été engagées aux côtés de Paul dans l'annonce de l'*Évangile* dans les différentes communautés chrétiennes.

Quant à lui, Mahomet affirme : « *Il m'a été donné d'aimer de votre monde trois choses : les femmes, le parfum et la prière, qui est mon suprême plaisir* ». Il a toujours vécu entouré de femmes, ses épouses, ses filles et ses disciples de sexe féminin. Il eut entre neuf et onze épouses, dont une juive et une chrétienne (copte). La première à avoir cru en son enseignement est son épouse Khadidja, dont il conserva toujours un souvenir aimant jusqu'à la fin de sa vie. Pour l'époque, son enseignement était féministe : il s'éleva contre l'infanticide des petites filles ; restreignit la polygamie ; et accorda aux femmes une demi-part d'héritage alors qu'elles n'en avaient aucune. Pourquoi une demi-part ? Dans les coutumes de l'époque, à la mort des parents, c'était les enfants mâles qui s'occupaient de leurs sœurs.

Aujourd'hui, il existe chez les musulmans un courant féministe visant à dénoncer une lecture sexiste du Coran, notamment animé

[132] Coran, 2, 223.
[133] Coran, LVI, 34-35.

par Asma Lamrabet, médecin biologiste à l'hôpital de Rabat, au Maroc[134].

On notera aussi que dans les monothéismes, les mystiques sont souvent des femmes. Pour Simone de Beauvoir, l'attitude mystique est un moyen pour les femmes de prendre inconsciemment une revanche sur leur état :

« *L'amour a été assigné à la femme comme sa suprême vocation et, quand elle s'adresse à un homme, en lui elle recherche Dieu : si les circonstances lui interdisent l'amour humain, si elle est déçue ou exigeante, c'est en Dieu même qu'elle choisira d'adorer la divinité* [...] *ce n'est pas un transcendant qu'elle vise : c'est la rédemption de leur féminité. La femme cherche d'abord dans l'amour divin ce que l'amoureuse demande à celui de l'homme : l'apothéose de son narcissisme ; c'est pour elle une miraculeuse aubaine que ce souverain regard attentivement, amoureusement fixé sur elle.* »[135]

Ce qui est un peu rapide : de tous temps, de nombreux mystiques sont aussi des hommes. Aujourd'hui les choses ont changé, principalement dans la partie occidentale du monde. La femme, plus exactement les qualités supposées féminines, devient un modèle moral, comme dans les théories du *Care*. Cependant, il est évident que les religions ne sont pas la seule cause de la minoration de la femme, qui obéit à bien d'autres facteurs. D'autre part, en ce qui concerne les monothéismes, il ne faut jamais oublier qu'ils se sont développés dans des sociétés très patriarcales. C'est donc beaucoup plus la structure des sociétés que les croyances religieuses en elle-même qui sont en cause.

---

[134] Cf. Amsa Lamrabet, *Femmes et hommes dans le Coran : quelle égalité,* Al Beyrouth, Bouraq, 2012, 200 p.

[135] Simone de Beauvoir, *Le deuxième sexe*, tome II, Paris, Gallimard, 1976, p. 574-579.

Conclusion

L'égalité entre les femmes et les hommes est un très vaste sujet sur lequel je me suis penché dans d'autres textes[136]. Quelles que soient les positions respectives des droits brésiliens et français sur ce point, et nous avons vu qu'à des degrés divers ils convergent, il ne faut jamais oublier que l'égalité juridique est un acquis récent et que l'égalité réelle n'existe que dans un très petit nombre de pays, essentiellement en Scandinavie. Les stéréotypes sur la supériorité masculine expliquent la rareté des femmes artistes dans tous les pays, spécialement en musique (peu de compositrices).

Si à la différence en Europe de la Russie, l'Allemagne et l'Italie la France ne passe pas pour un pays particulièrement musicien (on se souvient de la phrase lapidaire de Jean-Jacques Rousseau en 1753 dans sa *Lettre sur la musique française* :

« *Je conclus que les Français n'ont point de musique, et n'en peuvent avoir, ou que s'ils en ont une, c'est tant pis pour eux* »), il en va autrement du Brésil où la musique fait vraiment partie de la culture populaire.

Dans les deux pays certains juristes ont réfléchi aux rapports entre le droit et la musique.

---

[136] Cf. Norbert Rouland, *À la découverte des femmes artistes, op. cit. ; L'égalité entre les femmes et les hommes : une éthique pour le XXIe siècle ?*, à paraître.

Chapitre IV

Les relations entre le droit et la musique : convergences franco-brésiliennes

Les rapports entre le droit et la musique sont plus souvent étudiés au Brésil qu'en France. À Belo Horizonte, la radio universitaire diffuse régulièrement une émission sur ce thème. L'Université *Paraiba* de Joao Pessoa dispose d'une salle de concert dans laquelle l'orchestre universitaire a exécuté des œuvres de compositeurs russes[137] à l'occasion d'une conférence que j'y avais prononcée sur la musique et le totalitarisme. En introduction à cette conférence, Felipe Avellar de Aquino, un professeur de musique de chambre spécialiste de Benjamin Britten (1913-1876) joua une œuvre de violoncelle de Gaspar Cassado (1897-1966) sur le thème du nationalisme en musique. Il fit ensuite un exposé sur plusieurs violoncellistes : Maurice Maréchal (1892-1961), Pablo Casal (1876-1972), Rostropovitch (1927-2007). Dans cette même université existe un groupe de recherches surtout animées par les étudiants, du nom de *Labyrinthe*, qui étudie les rapports entre le droit et la musique.

Les rapports entre le droit et la musique peuvent être envisagés de bien des manières, qu'on peut désigner de façon commode des au-delàs. Par exemple, le rôle de la musique dans les relations internationales. Ils peuvent aussi faire l'objet d'approches convergentes, de la part de juristes français et brésiliens.

Section I
Les au-delàs de la musique : la politique et le droit

La musique sert souvent au meilleur, parfois au pire.

Elle a accompagné la chute du mur de Berlin, quand Mstilav Rostropovitch (1927-2007) au pied de ce mur, le 11 novembre 1989, a joué des suites pour violoncelle de Jean-Sébastien Bach.

En 1941, Dimitri Chostakovitch avait composé pour Leningrad assiégée par l'armée allemande la symphonie numéro sept, qui devint un symbole de la résistance du peuple russe. Passée à l'Ouest sur des microfilms, la partition fut jouée à Londres et à

[137] On joue notamment la mélancolique *Symphonie de chambre* de Chostakovitch, *opus* 110 A.

New York avant d'être interprétée et diffusée à Leningrad par des haut-parleurs en août 1942.

Dans les années soixante, pendant la guerre froide, le département d'État américain organise des tournées internationales de jazz. Malgré les interdictions, le *rock* pénétra en URSS.

En Asie, la Chine promeut des opéras dans les pays de la région pour y diffuser une image tranquillisante d'harmonie.

De son côté, le Brésil a beaucoup misé sur l'arme culturelle pour affirmer son *leadership* en Amérique latine par une collaboration étroite entre le ministère des Affaires étrangères et celui de la Culture. Il faut citer en particulier le musicien Gilberto Gil, ministre de la Culture du président Lula entre 2003 et 2008. En septembre 2003, celui-ci chante à l'ONU pour les victimes de l'attaque du siège des Nations Unies à Bagdad, le 19 août. Cette prestation soutenait un message sur la paix qui critiquait le déclenchement de la guerre d'Irak par les États-Unis. À la fin du concert, Gilberto Gil invita Kofi Annan, Secrétaire général des Nations unies à l'accompagner sur scène à la percussion. En 2005, Gilberto Gil organisa un grand concert à Paris place de la Bastille le 13 juillet pour célébrer l'année du Brésil en France.

En 1988, l'organisation humanitaire *Amnesty international* organisa une série de concerts dans quatorze pays, retransmis par les télévisions devant un milliard d'individus. Il faut aussi citer le chef d'orchestre israélo-argentin, Daniel Barenboïm qui a créé le *West Eastern Divan Orchestra*, composé de jeunes musiciens d'Israël et des pays arabes limitrophes ; en 2005, cet orchestre s'est produit en territoire palestinien[138].

La musique peut donc avoir partie liée avec la politique. Il est *a priori* plus étonnant de chercher ses relations avec le droit. La démarche n'est pourtant pas aussi novatrice qu'il n'y paraît.

---

[138] Cf. Marie Zawiska, « La musique et les relations internationales », *Le Monde*, samedi 5 septembre 2015.

Un colloque s'est tenu en 1998 à la *Cardozo School of Law*, consacré aux rapports entre la musique et la théorie du droit[139]. Deux ans plus tard, Desmond Manderson, un auteur australien établissait de très convaincants parallèles entre l'évolution du droit anglais et celle de la musique[140].

L'idée de relations entre la musique et le droit remonte même au Moyen-Âge : à la fin du XIVe siècle, un auteur anonyme écrivit un traité sur la question[141] et d'autres auteurs médiévaux s'engagèrent dans la même voie[142]. À la croisée des deux derniers siècles, H. Schenker (1868-1935) est un auteur particulièrement intéressant pour notre propos[143], même si nous ne pouvons plus souscrire à la plupart de ses conclusions. Il décrit la musique comme un *corpus* juridique, procède à des parallèles rien moins qu'étonnants : chaque ton est par rapport au système général de la tonalité dans une relation équivalente à celles qui associent l'individu à l'État ; la musique « chaotique » des sociétés primitives est l'expression du désordre antérieur à la découverte du système tonal, seul capable d'aménager des rapports harmonieux, civilisés – consonants – entre les tons, expressions des lois éternelles de la nature. Schenker n'étant pas un démocrate, il tient que l'ordre naturel est et doit rester hiérarchique : de même qu'un individu n'en vaut pas un autre, il n'y a pas de démocratie tonale. Il n'y a qu'une minorité de tons qui jouent un rôle réellement structurel. Il est donc totalement opposé à la musique atonale d'Arnold Schoenberg et de son école. W. Alpern souligne par ailleurs les similitudes entre les

---

139 Modes of Law: Music and Legal Theory-An Interdisciplinary Workshop, *Cardozo Law Review*, vol. 20, n°s 5-6, may-july 1999. Des résumés des articles sont consultables sur le site Internet de la Revue : www.cardozo.yu.edu./carldrev/v20n5-6/v20n5-6.html

140 Cf. Desmond Manderson, *Songs without Music-Aesthetics dimensions of law and Justice,* Berkeley/Los Angeles, California, 2000. Voir tout particulièrement le chapitre : *Motet: Statutes and Music*, p. 50-89.

141 *Ars cantus mensurabilis mensurata per modosiuris,* C. Matthew Balensuelaed, transl., 1994.

142 Cf. Timothy S. Hall, The Score as Contract, *Cardozo Law Review*, vol. 20, 1999, n°s 5-6, p. 1590, n.1.

143 Cf. Wayne Alpern, Music Theory as a Mode of Law: the Case of Heinrich Schenker, Esq., *Cardozo Law Review,* vol. 20, may-july 1999, n°s 1459-1511.

visions hiérarchiques de la musique propres à Schenker et les représentations du système juridique formulées par Kelsen à la même époque[144].

Au XXe siècle, le courant des auteurs partisans d'une parenté entre le droit et la musique n'est pas tari[145]. Ils cherchent dans la musique des métaphores et des exemples propres à appuyer leurs théories juridiques sur l'interprétation. Certains, comme J. Frank, mettent en parallèle les facultés créatives de la jurisprudence et de l'interprète en musique[146]. Mais la plupart partagent une vision commune du droit et de la musique : celui-ci consiste essentiellement en un commandement impératif, de même que le texte musical écrit – la partition – s'impose à l'interprète[147]. Plus récemment, Timothy S. Hall plaide au contraire en faveur de leur commune autonomie par rapport au texte écrit[148]. Il insiste sur les possibilités données à l'interprète par des techniques telles que la basse continue, l'ornementation, les cadences, l'improvisation, et sur le relativisme de toute notion d'authenticité en musique. Il établit une analogie entre ces formes d'autonomie de l'interprète et le type de relations juridique unissant des co-contractants. Ces derniers s'exécutent beaucoup moins par crainte d'une éventuelle sanction qu'en raison d'un intérêt commun. En cas de difficultés, on se réfèrera moins à la lettre du contrat qu'à l'intention des

---

144 *Ibid.*, p. 1504-1506. La rencontre entre les deux hommes est possible, mais elle n'est pas prouvée.

145 Pour plus de détails, cf. l'article de Timothy S. Hall, *op. cit.*, et, dans la même Revue : Wayne Alpern, *Music Theory as a Mode of Law: the Case of Heinrich Schenken, Esq.*, p. 1459-1511.

146 Cf. J. Frank, Words and Music: Some Remarks on Statutory Interpretation, *Columbia Law Review*, 1259, 1947, 47.

147 Cf. D. Korstein, *Music of the Laws*, 1982 ; Sanford Levinson and J.-M. Balkin, Law, Music and Other Performing Arts, 139 *University of Pennsylvania Law Review,* 1597, 1991 ; Bernard J. Hibbitts, "Common to our senses" : Communication and Legal Expression in Performance Cultures, 41 Emory L.J. 873, 1992 ; Paul J. Green, Law and Music: Common Ground, *Clarinet*, novembre-décembre. 1995, p. 46 ; Desmond Manderson, Statutav. *Acts*: Interpretation, Music, and Early English Legislation, 7 *Yale J.L. and Human* 317, 1995.

148 Cf. Timothy S. Hall, The Score as Contract: Private Law and the Historically Informed Performance Movement, *Cardozo Law Review,* vol. 20, may-july 1999, n° 5-6, p. 1589-1614.

parties. De même, en musique, l'interprétation résulte d'une rencontre entre la volonté du compositeur et l'interprétation de l'exécutant, non d'une copie conforme de la partition. On pourrait poursuivre ce parallèle en soulignant les possibilités créatrices de l'interprétation dans divers domaines. Certainement en droit, dont l'histoire montre abondamment que la règle de droit évolue au moins autant par réinterprétation d'un texte originel que par son remplacement par un autre. De même, les trois cinquièmes des sculptures de Michel-Ange sont inachevées, non par négligence, mais parce que l'artiste avait compris intuitivement ce qu'a découvert la neurologie moderne : le cerveau supplée de lui-même à certains « manques » de la réalité[149]. En musique, les *Suites pour violoncelle* de Bach participent au même phénomène : bien que l'instrument soit moins polyphonique qu'un orgue ou qu'un clavecin, le caractère contrapunctique de la musique n'en est pas affecté à l'audition.

On notera enfin qu'aux États-Unis, les recherches sur les rapports entre droit et musique possèdent des liens certains avec le courant très développé outre-Atlantique (mais fort peu en France) portant sur la littérature et le droit[150].

Les recherches sur les relations entre le droit et la musique existent aussi au Brésil et en France.

---

[149] Cf. Semir Zeki, L'artiste à sa manière est un neurologue, *La Recherche,* La naissance de l'art, hors-série, novembre 2000, p. 100.

[150] Il faudrait aussi évoquer les recherches nord-américaines sur les liens entre le genre (masculin/féminin) et l'histoire de la musique : cf. Marcia J. Citron, *Gender and the Musical Canon,* 1993 ; Susan Mc Clary, *Feminine Endings: Music, Gender and Sexuality,* 1991 ; Layne Redmond, *When the Drummers were Women: a Spiritual History of Rhytm,* 1997.

Section II

L'interprétation en musique et en droit : convergences franco-brésiliennes

Plusieurs compositeurs ont aussi reçu une formation juridique. Au Moyen Âge, Philippe de Vitry. À l'époque moderne, pour ne citer qu'eux : Haendel, Tchaïkovski, Stravinsky. Il est difficile d'en tirer argument pour démontrer une proximité entre le droit et la musique, dans la mesure où l'apprentissage du droit était dans le passé une sorte d'obligé culturel. À part la mise en œuvre d'une logique souvent exigeante (on connaît l'affection du juriste pour les plans en deux parties et la subdivision en catégories et leurs exceptions), il ne semble pas raisonnable de déduire de cette éducation une identité substantielle entre les deux disciplines.

Comme on l'a vu dans les lignes précédentes, et contrairement à l'*opinio communis*, les rapports entre le droit et la musique ont été depuis longtemps soulignés. Ils existent même dans certaines sociétés traditionnelles, comme je les ai étudiés il y a bien longtemps dans un petit ouvrage sur les compétitions de chants chez les Inuit[151].

À Aix-en-Provence ont été publiés à la Faculté de droit[152] les actes d'un colloque tenu il y a une quinzaine d'années sur les rapports entre le droit et la musique. Plus récemment, en 2016, dans ce même établissement, s'est tenu un colloque international (participants français, brésilien, italiens, russes, marocain) sur ces mêmes rapports[153].

Pour beaucoup d'auteurs, comme une juriste brésilienne, Monica Sette Lopes, ce rapprochement peut être celui d'une métaphore, s'appliquant notamment dans le domaine de l'interprétation. Il peut aussi à mon sens posséder un aspect ontologique, au sens de

---

[151] Cf. Norbert Rouland, « Les modes juridiques de solution des conflits chez les Inuit », *Études Inuit*, 1979, Presses de l'Université Laval, Québec, Canada.
[152] *Droit et Musique*, Aix-en-Provence, Presses de l'Université d'Aix-Marseille, 2001.
[153] Cf. P. Signorile (dir.), *Hommages à Norbert Rouland, Entre normes et sensibilité : droit et musique, op. cit.*, 374 p.

l'interdépendance soulignée plus haut par la philosophie bouddhiste : comme je tenterai de le montrer dans la seconde section de ce chapitre, on peut mettre en relief une évolution quasi-simultanée du droit et de la musique.

Monica Sette Lopes est professeure à l'Université fédérale de Minas Gerai et juge à la cour d'appel de Belo Horizonte. Elle est non seulement spécialiste en droit du travail, mais s'intéresse aussi aux rapports du droit avec les autres disciplines[154], dont la musique. Partisane du décloisonnement du droit, elle fait observer que la science juridique ne s'intéresse guère aux sciences de la communication pour comprendre la nature des processus au moyen desquels se transmet le droit. Elle cite comme exemple une situation pour le moment inconcevable en France : la transmission en direct des séances de jugement par Internet, notamment celle de la Cour suprême fédérale du Brésil. L'utilisateur peut ainsi prendre connaissance des divergences d'opinions, qui constituent un mode déterminant de formation du droit. En France, à la différence de ce qui se passe dans les traditions de *Common Law*, la technique de la transcription écrite des divergences d'opinion est quasiment inexistante. Ce qui n'est évidemment pas un hasard et apparaît comme un processus de sacralisation du droit. Au Brésil, les pièces de procédure sont consultables sur le site *Web* du tribunal. Certains jugements sont visibles sur *YouTube*, ce qui réintroduit l'oralité dans le droit.

Monica Sette Lopes s'intéresse par ailleurs aux rapports entre les arts (la peinture et la musique[155]) et le droit. Elle cible l'interprétation comme un phénomène intrinsèquement commun à la musique et au droit. Par exemple, l'article 944 du Code civil brésilien de 2002 déclare que : « *La compensation doit être proportionnelle à l'importance des dommages* ». De même l'interprète, suivant les époques, dispose-t-il d'une certaine liberté dans la matérialisation sonore de la partition. Elle note à juste titre que l'interprétation n'est jamais vraiment définitive. À

---

[154] Cf. M. Sette Lopes, « Communiquer le droit : le média et le message », *Les Cahiers de droit*, Université Laval, Québec, vol. 54, n° 1, mars 2013, p. 45-67.
[155] Cf. M. Sette Lopes (en portugais), Traduction partielle en anglais : *A metaphor: music and law*, à paraître.

un style d'interprétation peut en succéder un autre. En Europe, depuis maintenant un demi-siècle, on sait combien l'interprétation de la musique baroque s'est renouvelée. En droit, un revirement de jurisprudence est toujours possible. Plus encore, en musique comme en droit, l'interprétation du texte par un agent institutionnel autorisé (un tribunal, un chef d'orchestre) fait l'objet d'une réception par ses destinataires qui peut ne pas être univoque, et modifier les interprétations ultérieures. Comme le sait bien l'anthropologue du droit, l'exécution du jugement dépend aussi de son interprétation par les parties. Mais en général, le juriste classique ne s'intéresse guère à la phase post-jugement.

Bien des points communs existent entre cette approche et celle d'une jeune universitaire française, Jahiel Ruffier-Meray. Celle-ci est une historienne du droit et enseignante à la Faculté de droit de Toulon, une ville proche d'Aix-en-Provence. Elle a fait sa thèse sur l'opéra de Marseille pendant la période révolutionnaire. Mais c'est aussi une violoncelliste professionnelle, passionnée de musique. Dans un important article[156], elle se penche en détail sur l'interprétation comme phénomène commun au droit et à la musique.

Après avoir précisé la nature des interprètes (simples particuliers, praticiens, professionnels autorisés), elle procède à une périodisation des caractères communs de l'interprétation en droit et en musique. Pendant la plus grande partie du Moyen Âge, le droit comme la musique ont été transmis oralement. Jusqu'au XIXe siècle, la liberté des interprètes par rapport au texte écrit a

[156] Cf. Jahiel Ruffier-Meray, « Lire la partition juridique », *Interpréter et traduire – Actes du colloque international des 25 et 26 novembre 2005*, Bruxelles, Bruylant, 2007, p. 233-272. Voir aussi, du même auteur : « Droit, Musique et Traduction: quand la loi devient musicale et que le jurilinguiste est mélomane », *Revue Traduire*, n° 214, 2007, p. 51-105 ; « Variations musicales et juridiques sur le thème du faux et du juste », *Le faux, le droit et le juste – Actes du colloque international des 13 et 14 novembre 2008*, Bruxelles, Bruxelles, Bruylant, 2009, p. 171-208 ; « La transgression des normes artistiques : délits et délices », *La transgression – Actes du colloque international des 24 et 25 novembre 2011*, Bruxelles, Bruylant, 2013, p. 121- 164.

été assez importante. Elle cite ainsi[157] une anecdote à propos de Gluck. Un jour un ami de Gluck lui annonce son intention d'aller à Paris entendre ses opéras. Le compositeur lui conseille de se hâter, car « *dans quelque temps, ajoute-t-il en substance, ils auront oublié tout ce que je leur ai dit et ne joueront plus ma musique que comme elle est écrite ; cela n'aura plus aucun sens.* »

Le XIXe siècle, qui est aussi celui d'une mise en place stricte des rapports de hiérarchie entre les sexes et les genres (statut de la femme mariée dans le code Napoléon, disparition des contre-ténors, et règne en France de l'École de l'Exégèse) voit aussi l'invention d'instruments destinés à mesurer précisément la musique : le diapason et le métronome. Et l'on se souvient qu'au début du XXe siècle, Ravel affirmait : « *Je ne veux pas qu'on interprète ma musique, je veux qu'on la joue* ». Parallèlement, avant de revenir ultérieurement sur son erreur, Stravinsky avait cru que l'invention du disque serait le moyen miraculeux de fixer une fois pour toute l'interprétation de sa musique.

Pour ma part, je remarque par ailleurs une similitude souvent ignorée entre le droit et la musique. Tous deux s'inscrivent dans le temps, à la différence, par exemple, de la peinture ou de la sculpture. Un tableau peut être regardé et ressenti de manière différente suivant les époques et la personnalité de l'observateur. Mais il existe en-dehors de lui. L'acte du peintre ou celui du sculpteur ont un caractère définitif. Tel n'est pas le cas de la musique, qui s'inscrit doublement dans le temps. Tout d'abord, la phrase musicale se déroule dans le temps. Elle suppose donc une mémorisation de la part de l'auditeur pour la compréhension du tout. Pour faciliter cette mémorisation, les grandes formes musicales (fugue, sonate) ont la plupart du temps une structure répétitive, sous la forme notamment des modulations et variations. Ensuite, la partition n'est pas la musique : elle est simplement son signe écrit. Sans l'interprète, elle n'existe pas. Le droit met en œuvre des mécanismes similaires. Un acte de procédure, un jugement, surtout s'il est en dernière instance, indiquent toujours la chaîne de transmission dont ils sont les

157 *Lire la partition juridique, op. cit.*, p. 242.

résultantes. Par ailleurs, entre l'acte initial d'une procédure devant une juridiction et le terme de cette procédure plusieurs années peuvent s'écouler.

L'interprétation est donc un des principaux fondements de l'évolution des textes juridiques, comme de l'exécution des partitions. Le rapport au passé est donc déterminant. Soit il est excessivement valorisé et dans ce cas toute modification devient impossible et les textes aussi bien juridiques que musicaux se sclérosent ; soit la rupture avec le passé est totale et dans ce cas les risques sont grands d'aboutir dans des impasses.

Un débat qui a eu lieu en Union soviétique après la fin de la Grande guerre patriotique l'illustre bien. Il nécessite un bref rappel historique.

Section III
Le réalisme socialiste en musique

Une observation initiale s'impose : les lignes qui suivent ne retracent pas seulement des débats esthétiques, mais touchent au droit, notamment au droit pénal. Les compositeurs qui contrevenaient à l'idéologie officielle pouvaient être condamnés au Goulag ou même poussés à se suicider.

Les débuts de la révolution bolchevique ne se traduisirent pas dans l'immédiat par une dictature sur les arts, d'autant plus que les avant-gardes étaient très présentes en Russie au début du XXe siècle. Ce n'est qu'avec Staline que la doctrine du réalisme socialiste fut implantée par la force en Union soviétique, notamment sous l'autorité de Jdanov. Certains compositeurs, comme Rachmaninov, Stravinsky, Prokofiev choisirent l'exil dès le début, quitte à revenir comme le fit Prokofiev pour son malheur, ou pour des tournées, comme Stravinsky. Chostakovitch choisit de rester et eut une vie difficile, marquée par la composition de beaucoup de chefs-d'œuvre et quelques compromissions avec le pouvoir soviétique.

La culture fut rapidement parmi les premières préoccupations du nouveau régime. L'élévation du niveau de culture moyen reste une grande réussite de l'Union soviétique pendant toute sa durée.

Avant même le début de la Révolution, Alexandre Bogdanov avait fondé une organisation culturelle et didactique, le *Proletkult* (*Proletarskaia Kultura*), reposant sur l'idée d'une culture prolétarienne collective tournée vers le peuple, qui se séparerait de la conception individualiste de la culture bourgeoise. Une université prolétarienne fut créée, mais ne dura que jusqu'en 1919, Lénine pensant que l'organisation de la culture devait revenir exclusivement au parti communiste.

Certains artistes se trouvaient en Occident au moment de la révolution bolchevique et choisirent d'y rester, notamment ceux liés aux Ballets russes, comme Diaghilev, Stravinsky, Nijinski[158]. Durant les premières années de la Révolution, les bolcheviks ne leur en tinrent pas rigueur, espérant des retours.

Après la Révolution, la vie musicale conserva une grande diversité[159]. Toutes les relations avec l'Occident ne furent pas stoppées et la recherche de nouvelles formes musicales continua. La musique contemporaine était très jouée dans les concerts symphoniques et à l'opéra. L'Union soviétique accueillit ainsi Darius Milhaud, Bela Bartok, et on y joua des œuvres d'Arnold Schoenberg, le père de la musique sérielle. Mais parallèlement, les organisations communistes marquaient des points. Entre 1917 et 1932 plusieurs furent créés qui allaient avoir une influence marquante sur l'évolution de la musique soviétique. C'était notamment le cas de l'association des musiciens prolétariens, qui cherchaient à créer une musique facilement compréhensible pour les masses. La musique vocale était privilégiée. En 1923, Léon Trotsky qualifia de « *compagnons de route* » tous les artistes qui n'étaient pas liés au parti communiste mais désiraient simplement continuer à travailler en paix.

---

[158] Cf. Frans C. Lemaire, *Le destin russe et la musique : un siècle d'histoire de la Révolution à nos jours*, Paris, Fayard, 2005, p. 79.
[159] Cf. Krzysztof Meyer, *Dimitri Chostakovitch*, Paris, Fayard, 1994, p. 83.

Mais cette relative liberté allait décroître dès 1925, après la mort de Lénine. L'art devint tout entier soumis à des directives générales. Le *Prokoll* (Collectif de création des étudiants de composition fondée en 1925 au Conservatoire de Moscou) déclara que les compositeurs du passé étaient nuisibles à l'éducation bolchevique. Il fallait se limiter à la composition de chants de marche pour les soldats, les marins et les ouvriers. S'ensuivit un affaiblissement de la vie artistique et la fin des mouvements d'avant-garde. Malheureusement pour lui, c'est à ce moment que Chostakovitch commença sa carrière artistique.

Avec Staline, le réalisme socialiste allait s'imposer à partir du Congrès des écrivains de 1934 : quant au fond, les arts devaient correspondre aux thèmes de la propagande ; quant à la forme, les œuvres devaient être directement et facilement compréhensibles par le peuple, ce qui coïncida avec un retour au passé. La peinture redevint purement figurative et fut censée exprimer le réel. En fait, c'est à une idéalisation du réel (le retour des champs de jeunes kolkhoziennes fraîches et souriantes, les apparitions d'un Staline débonnaire, etc.) qu'elle procéda. Le contrôle de la musique était plus difficile, du moins quand il s'agissait de la musique purement instrumentale.

Après le Second conflit mondial, qui coûta vingt millions de morts au peuple russe, on aurait pu croire que le régime stalinien allait desserrer son emprise. Il n'en fut rien.

Jdanov allait être le bras armé de Staline dans le domaine des arts (la *Jdanovchina*). Il succéda à Kirov, fut secrétaire du Comité central de 1934 jusqu'à sa mort en 1948 et participa héroïquement à la défense de Leningrad. En juin 1946 une revue est créée, *Culture et Vie*. Elle paraissait tous les dix jours et dénonçait les artistes déviant des lignes imposées.

Le déclenchement de la campagne contre les musiciens coïncident avec la critique de l'opéra d'un inconnu, Vano Mouradeli, accusé de « formalisme », un qualificatif vague qui visait toutes les tentatives s'éloignant du classicisme, considérées comme « bourgeoises ». Le 10 février 1948, Jdanov déclare :

« *Il s'est formé une brèche importante dans les fondations mêmes de la musique soviétique* [...] *dans l'Union des Compositeurs, le rôle dirigeant est joué aujourd'hui par un groupe limité de compositeurs. Il s'agit des camarades Chostakovitch, Prokofiev, Miakovski, Khatchatourian, Popov et Chelabine. Nous admettrons que ces camarades sont les principales figures dirigeantes de la tendance formaliste en musique et cette tendance est totalement fausse* [...] *la musique qui est inintelligible au peuple lui est inutile.* » Khatchatourian doit démissionner de la présidence de l'Union des Compositeurs, Prokofiev fait son autocritique, Chostakovitch perd sa fonction de professeur qu'il ne retrouvera qu'en 1961 et son fils doit le condamner publiquement.

Toujours en 1948, Jdanov prononce à Moscou un important discours devant une Conférence des musiciens soviétiques, tenu au Comité central du parti communiste. J'en cite ci-dessous quelques extraits significatifs.

« *Nous avons affaire à une lutte très aiguë, encore que voilée en surface, entre deux tendances. L'une représente dans la musique soviétique une base saine, progressivement fondée sur la reconnaissance du rôle énorme joué par l'héritage classique, et en particulier par les traditions de l'école musicale russe* [...]. *La deuxième tendance exprime un formalisme étranger à l'art soviétique, le rejet de l'héritage classique sous le couvert d'un faux effort vers la nouveauté, le rejet du caractère populaire de la musique, le refus de servir le peuple, cela au bénéfice des émotions étroitement individuelles d'un petit groupe d'esthètes élus. On a parlé ici de la volonté d'innover. On a dit que cette volonté d'innover n'était pas loin d'être le principal trait distinctif principal de la tendance formaliste ; mais la volonté d'innover n'est pas une fin en soi ; le nouveau doit être meilleur que l'ancien, autrement il n'a pas de raison d'être.* [...] *On ne peut pourtant qualifier d'innovation toutes les originalités, toutes les grimaces et toutes les cabrioles en musique* [...]. *L'innovation ne coïncide pas toujours avec le progrès* [...] *on lance pour mot d'ordre qu'il faut dépasser les classiques. C'est évidemment excellent. Mais pour les dépasser, il faut commencer par les rattraper* [...]. *Il me faut m'attarder sur une erreur très répandue, selon laquelle la musique classique serait plus simple, la musique moderne plus complexe, la complication de la technique contemporaine étant considérée comme un pas en avant* [...]. *Il n'est pas vrai que toute complication signifie maîtrise plus grande* [...]. *Cette musique devient anti populaire, étroitement individualiste et le peuple a le droit de devenir, et devient en effet indifférent à son destin* [...]. *Si on exige de l'auditeur qu'il écoute une musique grossière, inélégante, vulgaire, fondée sur des atonalités, sur des dissonances continuelles, lorsque les consonances deviennent un cas particulier et les fausses notes et leur combinaison la règle, c'est qu'on s'est écarté des normes fondamentales de la musique. Tout cela pris ensemble menace la musique de liquidation, tout comme le cubisme et le futurisme en peinture ne représentent pas autre chose qu'une menace de destruction de la peinture.* [...] *Aussi n'est-ce pas seulement l'oreille musicale, mais aussi l'oreille politique des compositeurs soviétiques qui doit être plus sensible. Vos liens avec le peuple soviétique doivent être plus étroits que jamais* [...] *votre tâche consiste à confirmer la supériorité de la musique soviétique, à créer une puissante musique soviétique qui s'incorpore à ce qu'il y a de meilleur dans le passé de la musique.* »[160]

La politique menée par Jdanov est évidemment condamnable.

Sur le fond, il néglige un facteur essentiel : en matière artistique, les oreilles comme les yeux s'éduquent. Une œuvre d'art qui n'émeut pas manque sa finalité. Mais le plaisir et l'émotion dépendent aussi de l'éducation. De ce point de vue, on ne peut que regretter dans la France actuelle la quasi vacuité de l'enseignement des arts pour les enfants et les jeunes : il est malheureux que le public de la musique classique dépasse en moyenne la cinquantaine.

Certaines questions posées par Jdanov sont malgré tout pertinentes. La complexité d'un langage esthétique n'est pas le critère de sa réussite. En musique, comme l'a d'ailleurs écrit Lévi-Strauss, l'oreille humaine est sans doute soumise à des lois

---

[160] *Cité* dans *Musique en jeu*, n° 3, Paris, éditions du Seuil, 1971, dossier « Musique et politique ».

naturelles qu'il ne faut pas trop excéder, même si la part de l'histoire est importante : les contemporains de Mozart et de Monteverdi trouvaient souvent leur musique trop complexe, alors que pour nous elle est relativement simple.

Toute transgression des normes n'est pas bonne en soi. Au début du siècle précédent, les compositeurs de musique sérielle ont voulu créer un nouveau système harmonique, le système tonal leur paraissant en bout de course. Intellectuellement, la musique sérielle est d'une parfaite logique. Mais on entend une fugue alors qu'on n'entend pas une série. Et cette musique n'a jamais été populaire, ce qui est quand même significatif. À l'heure actuelle, en France, beaucoup de compositeurs français écrivent dans un style tonal sans pour autant faire du néoclassicisme (Thierry Escaich, Dusapin, Thierry Hersant, Olivier Greif, etc.). À mon sens, la musique sérielle est une des nombreuses fausses pistes de la création et de la recherche intellectuelle.

Après la mort de Staline, un dégel avait semblé s'amorcer et en 1953 la *Pravda* affirmait :

« *Façonner tout l'art sur un seul modèle, c'est oblitérer la vie individualité et priver l'artiste de toute expérimentation créatrice. Il importe d'encourager de nouveaux départs en art, d'étudier le style individuel de l'artiste, d'explorer hardiment les chemins nouveaux.* »

Mais ces vœux pieux ne se réalisèrent guère. En mars 1963, Nikita Khrouchtchev déclarait dans un discours au Kremlin :

« *Nous sommes en faveur d'une musique mélodique, consistante, capable d'enthousiasmer le peuple et de lui donner des sentiments puissants. Nous sommes contre la cacophonie* [...]. *Une musique sans mélodie ne peut susciter que de l'irritation* [...]. *Il est difficile de savoir ce que le terme dodécaphonique veut dire, mais apparemment, dodécaphonique ou cacophonie, c'est du pareil au même. Nous rejetons ces musiques*[161]*. Le peuple ne peut rien faire de cette camelote, car elle ne saurait servir la cause de notre idéologie.* » Parallèlement, le jazz n'était

---

161 Les nazis condamnaient aussi la musique sérielle et le jazz.

pas interdit mais des mesures furent prises pour freiner son développement en Union soviétique.

Par cet épisode de l'histoire soviétique, on voit que les politiques culturelles peuvent influer sur la nature même de l'art, et que le droit peut y être partie prenante.

La musique peut même être associée à la torture mais force est de constater dans ce domaine un vide juridique.

Section IV
Musique et torture[162]

Nous venons de voir comment ce médium, généralement associé à la paix et souvent présenté comme un langage universel, a pu concourir à une exceptionnelle entreprise de déshumanisation.

Mais s'en étonner est avoir la mémoire un peu courte et ne pas tenir compte d'exemples présents guère moins scandaleux.

On peut bien sûr penser à *Orange mécanique*, le fameux film de Stanley Kubrick. Alex, le psychopathe meurtrier, apprécie aussi hautement la neuvième symphonie de Beethoven. Des psychiatres lui font subir un traitement en utilisant cette musique en l'associant à des scènes d'horreur rendues désormais insupportables pour lui. Le film se termine par une morale inattendue : qui est plus inhumain, Alex ou les psychiatres ? Il est également remarquable car il illustre à ma connaissance le seul emploi de la musique classique comme moyen de torture.

Si l'on plonge dans le lointain passé, le premier exemple qui vient à l'esprit sans doute mythique est celui des murailles de Jéricho qui s'écroulent au son des trompettes. On est déjà là dans le vaste répertoire des musiques militaires, dont Georges Clémenceau disait qu'elles sont à la musique ce que la justice militaire est à la justice. Dans l'Antiquité, César rapporte que les Gaulois, pour

162 Cf. https://www.article11.info/spip/IMG/pdf/v2_le_son_comme_arme.pdf, et plus précisément : Suzanne G. Cusick, "Music as torture/Music as weapon", *Transcultural Music Review*, 2006.

effrayer les légions romaines, heurtaient leurs boucliers. Une technique curieusement reprise par certaines forces de police actuelles, qui font précéder l'assaut de coups frappés par leur matraque sur leur bouclier.

Dans le passé, les troupes montaient à l'assaut en chantant des chants guerriers[163], à l'aide d'instruments divers : fifres, tambourins, trompettes, cornemuses pour l'armée écossaise.

Dans les années 1970, en URSS, les psychiatres utilisaient des techniques dites de psycho-correction s'appuyant notamment sur l'audition pour contrôler et démoraliser les dissidents internés. À la même époque, suite aux événements en Irlande du Nord, la Grande-Bretagne préférait recourir au « *bruit blanc* » c'est-à-dire à l'isolement dans un silence absolu des détenus de l'IRA.

Toujours à la même époque, la privation sensorielle ou l'exposition à très fort bruit constant sont utilisées par les forces de l'ordre brésilienne, uruguayenne, guatémaltèque, argentine, chilienne, philippine et iranienne, formées par l'École des Amériques, qui a instruit les tortionnaires de l'opération Condor, ou l'US *Office of public Safety*[164].

En 1997, l'ONU qualifie de « *torture* », la pratique utilisée par l'armée israélienne consistant à priver les prisonniers palestiniens de sommeil en leur infligeant une musique très forte pendant plusieurs jours et nuits d'affilée.

Mais ce sont surtout les États-Unis qui se sont illustrés à l'époque actuelle dans l'emploi de la musique comme moyen de torture à des fins d'interrogatoire ou militaires. Les exemples sont nombreux et reposent sur l'utilisation conjointe ou non d'un très fort volume sonore et d'un message culturel déstabilisant.

Au sujet de la guerre du Vietnam, on se souvient du film de Francis Ford Coppola, *Apocalypse Now,* dans lequel les hélicoptères partent à l'assaut de l'ennemi en diffusant la musique des Walkyries de Wagner. Cette musique dont Woody

---

[163] On se souvient d'un des chants les plus célèbres de la Légion étrangère : *Adieu, vieille Europe, que le diable t'emporte !*

[164] Mc Coy, A Question of Torture, cité par S.-G. Cusick, *op. cit.*

Allen a dit ironiquement : « *Elle me donne envie d'envahir la Pologne* ». La musique fut réellement utilisée dans la guerre comme moyen de démoralisation par les services américains d'actions psychologiques. Par exemple, dans des vols de nuit, des hélicoptères diffusaient la musique « *L'âme errante* » qui évoquait le cas d'un soldat nord-vietnamien mort revenu hanter son pays en suppliant ses compagnons de se rendre pour ne pas risquer la mort loin de leurs familles. Cette action psychologique reposait sur la croyance vietnamienne que l'âme ne peut reposer en paix si le corps n'est pas enterré sur la terre natale du défunt et qu'on ne lui rend pas le culte des ancêtres.

En 1990, lors de l'invasion du Panama, la CIA conseille de diffuser du *heavy metal* pour forcer le général Noriega, grand amateur d'opéras, à sortir de son refuge de l'ambassade du Vatican.

Quelques années plus tard, lors de la première guerre d'Irak, les soldats américains parlent du rôle des baladeurs : soit la musique est un moyen de détente ou au contraire d'excitation avant l'attaque. En 2004, en préparant le siège de Falloulah, des haut-parleurs diffusaient du *hard rock* à un très fort volume sonore, les mollahs répondant par des chants coraniques diffusés par leurs propres haut-parleurs[165].

Les États-Unis utilisent également la musique comme technique d'interrogatoire, dans les prisons d'Irak, d'Afghanistan et évidemment à Guantanamo. Ici encore, le *hard rock* est utilisé[166] (la musique de Michaël Jackson ne semble pas produire d'effet), mais également des chansons pour enfants ; des tubes *pop* et *disco* sexuellement très suggestifs. Ici, c'est le contenu culturel qui est utilisé. Car les musulmans extrémistes, de manière générale, condamnent l'audition de toute musique. On les met donc dans une situation de péché forcé.

---

[165] Cf. Jonathan Pieslack, *Sound Targets: American Soldiers and Music in the Irak War*, Bloomington and Indianapolis, Indiana University Press, 2009.

[166] Le groupe hard rock *Skinny Puppy* a demandé au gouvernement américain un dédommagement à hauteur de 666 000 $ pour une utilisation non autorisée de leur musique par les auteurs.

À ma connaissance, il n'existe pas de législation spécifiquement contre l'utilisation de la musique comme moyen de torture, même si on peut noter certaines réactions. Citons celle de la Cour européenne des droits de l'homme, qui au sujet de l'utilisation de la technique du *bruit blanc,* c'est-à-dire le silence absolu, par la Grande-Bretagne contre les militants de l'IRA emprisonnés qualifia en 1976 de « *traitements inhumains et dégradants* » les pratiques qui combinent la « *désorientation sensorielle-isolement, maintien en position debout, chaud et froid extrême, lumière et obscurité, bruit et silence et la douleur physique et psychologique infligée dans le but de désintégrer l'identité morale du prisonnier.* »

À l'inverse, il arrive aux CRS français de se servir de grenades lacrymogènes assourdissantes, comme ils le firent au début de l'année 2018 contre les zadistes de Notre Dame des Landes.

Comme l'argent, la musique peut servir au pire comme au meilleur.

Ces exemples ne sont pas les seuls d'une association de la musique avec la souffrance et la mort. Qui peut entendre sans émotion les divers *Stabat Mater*, évoquant la souffrance de Marie devant son fils crucifié, dont le plus connu est sans doute celui de Pergolèse ? Les mélomanes plus avertis penseront aussi au psaume 130, *Du fond de l'abîme*, composé par la Française Lili Boulanger (1893-1918) qui aurait été une des plus grandes compositrices du XXe siècle si elle n'était morte prématurément à l'âge de 24 ans.

On pense aussi au genre musical des *Funérailles*. Celles-ci sont une forme musicale associée au décès. Elles peuvent être purement instrumentales, comme les Funérailles de Liszt et de Chopin.

Mais la plupart du temps, elles se présentent sous la forme vocale associée à un orchestre. On parle alors de *Requiem*, les paroles étant celle de la liturgie de l'Église catholique, même si on trouve aussi des Requiem orthodoxes, luthériens et anglicans. Il existe à ce jour environ deux mille *Requiems*, d'inspiration diverse. On remarque que Jean-Sébastien Bach n'en a pas composé. En ce qui concerne la musique sacrée, il travaillait la plupart du temps sur commande et les allusions à la mort sont déjà assez présentes dans ses cantates et ses messes. On se souvient en particulier du *Crucifixus* de sa *Messe en si mineur*, avec ses douloureux chromatismes.

Le *Requiem* le plus connu est celui de Mozart, d'ailleurs associé à une légende, celle d'un mystérieux commanditaire masqué qui harcelait Mozart, déjà affaibli et manquant d'argent. Les *Requiems* les plus nombreux sont d'essence dramatique, comme ceux de Verdi ; Brahms et Haydn (j'ai chanté ces deux avec mon ensemble vocal), etc. mais il en existe des plus lumineux, comme le non moins célèbre de Gabriel Fauré, pourtant non croyant. Un peu plus tard, Maurice Duruflé (1902-1986), fervent catholique, en a composé un en 1947 dans un style musical très apparenté.

Certains compositeurs comme Fauré et Duruflé ont souhaité donner à leurs œuvres un caractère plus apaisé. Ils ont donc omis les versets traditionnels du *Dies irae*, le jour du Jugement dernier. Ils ont en cela anticipé l'Église catholique, qui en 1967 a déclaré que ces versets devenaient facultatifs.

Le XXe siècle a vu la composition de *Requiems* de genres nouveaux. Par exemple, les *Requiems* de guerre, à la mémoire des morts dans les hécatombes de ce siècle (*War Requiem*, de Benjamin Britten). Il y a même eu des *Requiems* profanes, écrit sans rapports avec la religion. On citera ainsi le *Requiem* de Kabalewski, composé en Union soviétique pendant la période stalinienne sur des poèmes de Robert Rodjestvenski.

Le *Requiem* a aussi pénétré le genre de la chanson de variétés. On peut ainsi citer le *Requiem pour un con* de Serge Gainsbourg (1968) ; une prière de Léo ferré (1976) ; *Requiem pour un fou* (1976) de Johnny Hallyday.

Que la mort soit paradoxalement évacuée petit à petit des *Requiems* ne fait que traduire notre mentalité, qui se débarrasse du problème de la mort en l'occultant, en en supprimant toute mise en scène, ou en inventant d'autres, comme les rituels spectaculaires, qui ont marqué les funérailles des dirigeants de l'URSS et des autres régimes communistes (Chine, Corée du Nord).

Dans nos sociétés modernes occidentales, les cérémonies ostentatoires liées à la mort pour les gens ordinaires, que j'ai encore pu constater dans mon enfance (port d'un brassard de deuil) ont silencieusement disparu.

On meurt la plupart du temps discrètement, dans l'inconscience, à l'hôpital.

CONCLUSION GÉNÉRALE

Sur des sujets aussi vastes que ceux abordés dans ce petit livre, il est bien difficile de conclure.

Au-delà d'une histoire partagée dans l'anthropologie et de certaines différences dans les systèmes juridiques et les genres de vie, on peut cependant noter des convergences entre les approches des juristes brésiliens et français de grands problèmes, comme les droits de l'homme, les rapports entre le droit et la musique, la condition féminine. C'est sur ce dernier point, toujours d'actualité, que je voudrais insister.

Moins progressiste que la France sur certains points (prohibition de l'avortement), le Brésil est nettement en avance dans l'étude du genre.

Soixante ans après, que penser de la célèbre affirmation de Simone de Beauvoir : « *On ne naît pas femme : on le devient. Aucun destin biologique, psychique, économique ne définit la figure que revêt au sein de la société la femelle humaine ; c'est l'ensemble de la civilisation qui élabore ce produit intermédiaire entre le mâle et le castrat qu'on qualifie de féminin* »[167] ?

Tout n'est pas de l'ordre de la culture. Il existe des déterminants biologiques puissants de la distinction entre les sexes, qu'ils soient chromosomiques, anatomiques, hormonaux, neurologiques, etc. En ce sens, je ne peux pas dire avec Simone de Beauvoir que tout est culturel. Il faut de plus admettre que chacun de nous porte en lui des caractéristiques physiques et physiologiques qui appartiennent à l'autre sexe, et que c'est justement le rôle de la culture de les harmoniser. Je ne veux pas dire par là qu'il existe un *éternel féminin* (pas plus qu'un *éternel masculin*). La prison des genres a été en fin de compte un mal pour l'humanité tout entière. Pour les femmes bien sûr, si longtemps mineures, dans le droit comme dans les arts.

Mais pour les hommes aussi[168]. Ils se sont tout d'abord privés de compagnes qui auraient pu les enrichir non seulement par leur

---

[167] Simone de Beauvoir, *Le deuxième sexe*, Paris, Gallimard, première édition 1949 ; 1976, tome 2, p. 13.

[168] Cf. Olivia Gazalé, *Le mythe de la virilité : un piège pour les deux sexes*, Paris, Robert Laffont, 2017, 418 p.

physique, leur grâce, etc., mais aussi par leur esprit et leur intelligence, car ces deux types de qualités ne sont pas contradictoires. D'autre part, tous les hommes, sans pour autant être efféminés, n'ont pas été les tenants de l'idéologie « virile », ou « machiste » (de tout temps, et pas seulement à l'époque contemporaine, il y a eu des hommes féministes). Ceux-là ont aussi souffert des stéréotypes dominants.

L'histoire culturelle et sociale nous enseigne que l'esprit a bien eu un sexe. Non pas en raison d'un particularisme des synapses féminines ou de la numération globulaire des femmes, encore moins de la spécificité de leurs organes génitaux. Mais pour des causes sociales, politiques et culturelles qui font l'histoire, qu'on s'en félicite ou qu'on déplore le sens qu'elles lui donnent.

Mais ce sens n'est pas inscrit une fois pour toutes : le combat pluriséculaire et toujours inachevé des femmes et des hommes pour l'amélioration de la condition féminine, aussi bien dans la vie sociale que par la formulation de nouveaux textes juridiques, le prouve de façon évidente.

L'avenir est ouvert, au Brésil comme en France. Pour ma part, je veux croire avec Aragon[169] et contre Baudelaire[170] que la femme est l'avenir de l'homme.

---

[169] « *L'avenir de l'homme est la femme. Elle est la couleur de son âme* » (Louis Aragon, *Le fou d'Elsa*, ch. IV, Paris, Gallimard, 1963).

[170] « *Celui qui aime une femme intelligente est un pédéraste* » (Charles Baudelaire, *Fusées, Œuvres Complètes*, Paris, R. Laffont, (coll. Bouquins), 2004, XII, p. 396).

TABLE DES MATIERES

Du même auteur

Essais

Rome, démocratie impossible, Le Paradou, Actes Sud, 1981, 360 p. (réédition en 1994, Arles, Actes Sud, 521 p. ; l'ouvrage a par ailleurs été traduit en portugais).

Aux confins du droit : anthropologie juridique de la modernité, Paris, Odile Jacob, 1991, 318 p. (l'ouvrage a par ailleurs été traduit en portugais).

L'État français et le pluralisme, Paris, Odile Jacob, 1995, 377 p.

Du droit aux passions, Aix-en-Provence, Presses universitaires d'Aix-Marseille, 2005, 252 p.

Voyages aux confins du droit (avec J. Benoist), Aix-en-Provence, Presses universitaires d'Aix-Marseille, 2012, 264 p. (traduction en russe à paraître).

À la découverte des femmes artistes, une histoire de genre, Aix-en-Provence, Presses Universitaires d'Aix-Marseille, 2016, 433 p.

Romans

Les lauriers de cendre, Le Paradou, Actes Sud, 1984, 445 p. (l'ouvrage a par ailleurs été traduit en espagnol).

Soleils barbares, Arles, Actes Sud, 1987, 468 p.

Pax Germanica - L'Europe après la victoire d'Hitler (à paraître).

Ouvrages juridiques

Anthropologie juridique, Paris, Presses universitaires de France, 1988, 496 p. (l'ouvrage a par ailleurs été traduit en anglais, russe, italien et chinois).

L'anthropologie juridique, Paris, Presses Universitaires de France, (Que sais-je ?), 1990, 127 p. (l'ouvrage a par ailleurs été traduit en persan et en indonésien).

La Raison, entre musique et droit : consonances in *Hommage à Norbert Rouland, Entre norme et sensibilité : Droit et Musique*, Aix-en-Provence, Presses Universitaires d'Aix-Marseille, 2017, p. 109-192.

Droit des minorités et des peuples autochtones (dir. avec Stéphane Pierré-Caps et Jacques Poumarède), Paris, Presses universitaires de France, 1996, 581 p. (l'ouvrage a par ailleurs été traduit en portugais).

Introduction historique au droit, Paris, Presses universitaires de France, 1998, 722 p. (l'ouvrage a par ailleurs été traduit en russe).

Les Inuit du nouveau Québec et la Convention de la baie James, Québec, Université Laval, 1978, 218 p.

Les esclaves romains en temps de guerre, Bruxelles, Latomus, 1977, 106 p.

Pouvoir politique et dépendance personnelle dans l'Antiquité romaine, Bruxelles, Latomus, 1979, 658 p.

Le conseil municipal marseillais et sa politique, de la IIe à la IIIe République, Aix-en-Provence, Edisud, 1974, 408 p.

Collection « Portes océanes »

Déjà parus

01. **Angleviel Frédéric :** *Histoire de la Nouvelle-Calédonie. Nouvelles approches, nouveaux objets*, 2005.

02. **Faessel Sonia :** *Vision des îles : Tahiti et l'imaginaire européen. Du mythe à son exploitation littéraire (XVIIIe-XXe siècles)*, 2006.

03. **Moyrand Alain :** *Droit institutionnel de la Polynésie française*, 2007.

04. **Chatti Mounira, Clinchamps Nicolas et Vigier Stéphanie (dir.) :** *Pouvoir(s) et politique(s) en Océanie – Actes du XIXe colloque CORAIL*, 2007.

05. **Al Wardi Sémir :** *Tahiti Nui ou les dérives de l'autonomie*, 2008.

06. **Angleviel Frédéric (dir.) :** *Chants pour l'au-delà des mers. Mélanges en l'honneur du professeur Jean Martin*, 2008.

07. **Carteron Benoît :** *Identités culturelles et sentiment d'appartenance en Nouvelle-Calédonie*, 2008.

08. **Angleviel Frédéric et Lebigre Jean-Michel (dir.) :** *De la Nouvelle-Calédonie au Pacifique*, 2009.

09. **Dumas Pascal et Lebigre Jean-Michel (dir.) :** *La Brousse, représentations et enjeux*, 2010.

10. **Debene Marc et Pastorel Jean-Paul (dir.)** : *La « loi du pays » en Polynésie française*, 2011.

11. **Poirine Bernard :** *Tahiti : une économie sous serre*, 2011.

12. **Pechberty Dominique :** *Vie quotidienne aux îles Marquises*, 2011.

13. **Pechberty Dominique :** *Récits de missionnaires aux îles Marquises*, 2011.

14. **Maresca Pierre :** *L'Exception calédonienne*, 2011.

15. **Cartacheff Nathalie :** *La vie quotidienne à Maré au temps des Vieux*, 2012.

16. **Bertram Robert :** *La bipolarisation politique de la Nouvelle-Calédonie depuis 1975*, 2012.

17. **Moyrand Alain :** *Droit institutionnel et statutaire de la Polynésie française*, 2012.

18. **Angleviel Frédéric (dir) :** *Les outre-mers français, Actualités et Études*, 2012.

19. **Chatti Mounira (dir.) :** *Masculin/Féminin : Sexe, genre, identité*, 2012.

20. **Angleviel Frédéric (dir.) :** *La Mélanésie. Actualités et Études*, 2012.

21. **Faberon Jean-Yves (dir.) :** *Pieds-Noirs en Nouvelle-Calédonie. Témoignages et analyses*, 2012.

22. **Perez Michel, Zimmer René et Barbe Dominique (dir.) :** *Objet d'art et art de l'objet*, 2013.

23. **Le Bourlot Annick Jacky :** *Á l'Anse Vata*, 2013.

24. **Berger Corinne et Roques Jean-Luc :** *L'eau dans le Pacifique Sud*, 2013.

25. **Ali Abdallah Ahmed :** *Le statut juridique de Mayotte. Concilier droit interne et droit international*, 2014.

26. **Abong Marcelin & Angleviel Frédéric (dir.) :** *La Mélanésie. Actualités et Études*, Vol. II, 2014.

27. **Manga Jean-Baptiste :** *Des pérégrinations du droit des peuples à disposer d'eux-mêmes. Nouvelle-Calédonie - Nunavut*, 2014.

28. **Rosada Alexandre :** *Mémoires d'Algérie. Des pieds-noirs de Calédonie racontent*, 2014.

29. **Delathière Jerry :** *Nouvelle-Calédonie, Chroniques sanglantes. Douze histoires vraies*, 2015.

30. **Cartacheff Nathalie :** *Danses et concepts en Océanie*, 2015.

31. **Lallemant-Moe Hervé Raimana :** *Assistance environnementale et changements climatiques dans le Pacifique sud*, 2016.

32. **Rosada Alexandre :** *Vagabondages initiatiques*, 2016.

33. **Chardon-Isch Nicole :** *Histoires de la Tamoa*, 2016.

34. **Claire Colombel-Teuira, Véronique Fillol et Stéphanie Geneix-Rabault :** *Littéracies en Océanie : enjeux et pratiques*, 2016.

35. **Roux Jean-Claude & Shekleton Max (éditeurs) :** *Les souvenirs du colon Edmond Caillard aux Nouvelles-Hébrides (Vanuatu)*, 2016.

36. **Monconduit Daniel :** *Anthropologie du silence polynésien*, 2017.

37. **Rosada Alexandre :** *Simon Loueckhote. Ma vérité. Entretiens*, 2017.

38. **Joël Paul :** *Les Moustaches de Tigre*, 2017.

39. **Baert Annie :** *Pedro Fernandez de Quiros*, 2018.

40. **Arnaud de Raulin et Jean-Paul Pastorel :** *Nouvel ordre biculturel*, 2018.

41. **Moyrand Alain :** *Droit administratif de la Polynésie française (tome 1)*, 2018.

42. **Moyrand Alain :** *Droit administratif de la Polynésie française (tome 2)*, 2018.

43. **Alexandre Rosada :** *Paroles dans l'air du temps. Entretiens*, 2018.

À paraître

Tran Ngoc-Anh : *Taramoin. Tradition orale et tradition écrite à l'école maternelle, Thio.*

Portes Océanes

L'HARMATTAN ITALIA
Via Degli Artisti 15; 10124 Torino
harmattan.italia@gmail.com

L'HARMATTAN HONGRIE
Könyvesbolt ; Kossuth L. u. 14-16
1053 Budapest

L'HARMATTAN KINSHASA
185, avenue Nyangwe
Commune de Lingwala
Kinshasa, R.D. Congo
(00243) 998697603 ou (00243) 999229662

L'HARMATTAN CONGO
67, av. E. P. Lumumba
Bât. – Congo Pharmacie (Bib. Nat.)
BP2874 Brazzaville
harmattan.congo@yahoo.fr

L'HARMATTAN GUINÉE
Almamya Rue KA 028, en face
du restaurant Le Cèdre
OKB agency BP 3470 Conakry
(00224) 657 20 85 08 / 664 28 91 96
harmattanguinee@yahoo.fr

L'HARMATTAN MALI
Rue 73, Porte 536, Niamakoro,
Cité Unicef, Bamako
Tél. 00 (223) 20205724 / +(223) 76378082
poudiougopaul@yahoo.fr
pp.harmattan@gmail.com

L'HARMATTAN CAMEROUN
TSINGA/FECAFOOT
BP 11486 Yaoundé
699198028/675441949
harmattancam@yahoo.com

L'HARMATTAN CÔTE D'IVOIRE
Résidence Karl / cité des arts
Abidjan-Cocody 03 BP 1588 Abidjan 03
(00225) 05 77 87 31
etien_nda@yahoo.fr

L'HARMATTAN BURKINA
Penou Achille Some
Ouagadougou
(+226) 70 26 88 27

L'HARMATTAN SÉNÉGAL
10 VDN en face Mermoz, après le pont de Fann
BP 45034 Dakar Fann
33 825 98 58 / 33 860 9858
senharmattan@gmail.com / senlibraire@gmail.com
www.harmattansenegal.com

www.ingramcontent.com/pod-product-compliance
Lightning Source LLC
LaVergne TN
LVHW021216061026
849535LV00008B/2769
* 9 7 8 2 3 4 3 1 5 0 6 8 0 *